周易十讲

孙劲松　口述
付磊　陈世明　郭浩茹　整理

长江出版传媒
湖北人民出版社

图书在版编目(CIP)数据

周易十讲 / 孙劲松口述 ; 付磊, 陈世明, 郭浩茹整理. -- 武汉 : 湖北人民出版社, 2025. 1. -- ISBN 978-7-216-10956-7

Ⅰ. B221.5

中国国家版本馆CIP数据核字第2024EB5088号

出版策划：马　骏
责任编辑：丁　茜
封面设计：梁颢蓝　刘舒扬
责任校对：范承勇
责任印制：杨　锁

周易十讲　ZHOUYI SHIJIANG

出版发行： 湖北人民出版社	**地址：** 武汉市雄楚大道268号
印刷： 湖北新华印务有限公司	**邮编：** 430070
开本： 880毫米 × 1230毫米　1/32	**印张：** 7.875
字数： 184千字	**插页：** 3
版次： 2025年1月第1版	**印次：** 2025年1月第1次印刷
书号： ISBN 978-7-216-10956-7	**定价：** 49.00元

本社网址：http://www.hbpp.com.cn
本社旗舰店：http://hbrmcbs.tmall.com
读者服务部电话：027-87679656
投诉举报电话：027-87679757
（图书如出现印装质量问题，由本社负责调换）

目录

第一讲 《周易》略说

《周易》被称为群经之首，儒家非常重视这部经典，《易传》已经集中反映了儒家思想，基于儒家立场的《周易》注疏更是汗牛充栋；王弼的《周易注》体现较多的道家思想，魏伯阳的《周易参同契》将《周易》与道教内外丹法联系在一起，明末高僧藕益大师还写过《周易禅解》，儒释道都比较重视这本书。

我们这门课程，还是按照儒家易学的脉络，以程颐注的《周易程氏传》(又名《程氏易传》《伊川易传》，以下简称《程传》)来讲。清人李光地在《周易折中·凡例》中指出："汉、晋间说《易》者，大抵皆淫于象数之末流而离其宗，故隋唐后惟王弼孤行，为其能破互卦、纳甲、飞伏之陋，而专于理以谈经也。然王弼所得者，乃老庄之理，不尽合于圣人之道。故自《程传》出而弼说又废。"应该说，王弼扫除汉代易学的复杂象数理论，又从先秦《易传》中总结易象的规律，从卦爻象推导出卦爻辞，并在此引申出一套义理学说，是对先秦易学格物、致知诠释方法的继承与发展；

但其义理学方面偏于老庄，又引起儒学家的批评。程颐的老师、宋代大儒胡瑗一方面继承王弼易学扫除象数以理解易的传统，另一方面又注意到克服王弼以老庄解易的弊端。而真正起到正本清源、扭转乾坤作用的，还是程颐。

程颐（1033—1107），字正叔，河南伊川人，出生于湖北黄陂，世称伊川先生，与其兄程颢并称“二程”。程颐一生门徒众多、讲学无数，但《程氏易传》却是他亲手写定、系统阐述其学术思想的唯一著作。根据《宋元学案》记载，《程氏易传》初稿成书于元符二年（1099 年），其后又反复修订，到了崇宁五年（1106 年），伊川致仕，很多学生想了解该书的思想，程颐说：“自量精力未衰，尚觊有少进耳。”在病重之后才把书稿给尹焞（1071—1142）、张绎（1071—1108）两位弟子。故尹焞云：“先生平生用意，惟在《易传》，求先生之学者，观此足矣。《语录》之类，出于学者所记，所见有浅深，故所记有工拙，盖未能无失也。”由此可见《程氏易传》在程颐学术思想中的核心地位。程氏在《易传序》中指出：“易，变易也，随时变易以从道也。其为书，广大悉备，将以顺性命之理，通幽明之故，尽事物之情而示开物成务之道也。圣人之忧后世，可谓至矣。去古虽远，遗经尚存，然而前儒失意以传言，后学诵言而忘味。自秦而下，盖无传矣。予生千载之后，悼斯文之湮晦，将俾后人沿流而求源，此传所以作也。”回归先秦《易传》的儒家传统，是程颐所承担的历史责任。张载曾赞叹大小程子：“深明易道，吾不及也。”朱熹云：“已前解易，多只说象数，自程门以后，人方都作道理说了。”《四库全书总目·易类》说：“易之为书，推天道以明人事者也。《左传》所记诸占，盖犹太卜之遗法。汉儒言象数，去古未远也。一变而为京、焦，入于禨祥。再变而为陈、邵，务穷造化，易遂不切于民用。王弼尽黜象数，说以老庄。一变而胡瑗、程子，始阐明儒理。再度而李光、杨万里，又参证史事。易遂日启其论端。”也阐明了胡瑗、程颐扭转乾坤，恢复先秦《易传》阐明儒理之风的重要意义。当代易学史家朱伯崑说：“从易学史上看，流传下来的义理学派的代表著作，可以说前有王弼《周易注》，后有《程氏易传》。”

下面介绍一下《周易》的基本概念。

一、阴阳

2018 年 3 月 20 日上午，习近平总书记在人民大会堂举行的第十三届全国人大一次会议闭幕会上的讲话中指出：“在几千年历史长河中，中国人民始终心怀梦想、不懈追求，我们不仅形成了小康生活的理念，而且秉持天下为公的情怀，盘古开天、女娲补天、伏羲画卦、神农尝草、夸父追日、精卫填海、愚公移山等我国古代神话深刻反映了中国人民勇于追求和实现梦想的执着精神。”

这里的“伏羲画卦”，就说到了《周易》的起源。《周易》不是由某个人在某个时期编写而成，其产生到定型经历了几千年的时间。最早大概在六七千年前，伏羲氏作为天下的领导者，“仰则观象于天，俯则观法于地，观鸟兽之文与地之宜”，观察天地万物的基本规律，进行归纳和总结，画出了阴阳八卦。伏羲把宇宙万物的规律加以抽象和归纳，通过观察发现宇宙万物都可以分为相互对应的两者。有天就有地，天和地之间是一个对应，两者一对应万物就可以生长，是对应而又和谐的统一；有男就有女，有老就有少，有白就有黑，对应两者之间有和谐相生的关系，这是一个基本的规律。对应的两者做一个符号的表达，就变成了阴和阳，中间有一个断点的就是阴，一条长线到底的就是阳，阴阳两个符号就产生了。在中国古人看来它们是对应的两者，比较强调两者之间相互对应、相互和谐的一面，而不是强调其对立的一面。阴阳这两个符号有一个统一的名称，就是爻。

爻，读 yáo，就是画两个乂。为什么这么写呢？这跟古代卜筮有关系。所谓“卜”，就是用乌龟壳来占卜；“筮”就是用五十根蓍草来算卦，五十根草反复交叉，不断地摆弄，得出阴爻、阳爻，一卦六爻，都是蓍草反复交叉演算得出的结果。

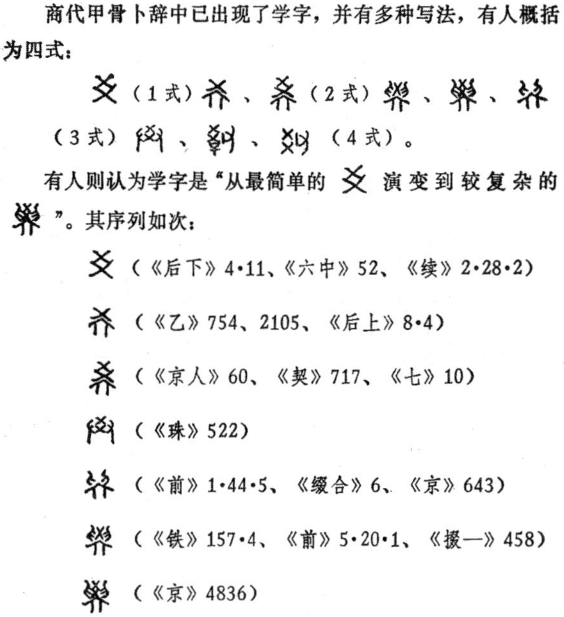
商代甲骨卜辞中已出现了学字，并有多种写法，有人概括为四式：

（1式）、（2式）、、（3式）、、（4式）。

有人则认为学字是“从最简单的 演变到较复杂的 ”。其序列如次：

（《后下》4·11、《六中》52、《续》2·28·2）

（《乙》754、2105、《后上》8·4）

（《京人》60、《契》717、《七》10）

（《珠》522）

（《前》1·44·5、《缀合》6、《京》643）

（《铁》157·4、《前》5·20·1、《掇一》458）

（《京》4836）

图 1–1　學与爻的关系（图片来源：毛礼锐《中国教育通史》）

而这个“爻”还跟学习的“学”有关系。繁体字“學”里边中间有个“爻”；甲骨文里的“学”，左边画个人，右边画个人，中间打两个叉，或者下面再画个房子，所以在一个房子里老师教学生如何把蓍草摆好，如何把卦算好，就是学习。殷商时期，“每事必卜”，碰到什么事都要算卦，因为对古人而言，未知的世界太多了，十里之外是什么天气不知道，想去看一个朋友，他有没有搬家、是否在家你也不知道，所以时不时就要算一下。不像我们现在，到哪里出差，手机一点，气温是多少、天气怎么样、能见到什么人都知道。古人的未知世界太多，免不了要猜、要算。占卜是古代政治及日常生活中的基本技能，学校教育的一个最重要的内容就是要学会用蓍草来算卦，所以“爻”与学习的“學”有紧密的联系。

二、八卦

把阴阳两爻三次叠加，就形成了八个卦。《周易·系辞》中说：“古者包牺氏之王天下也，仰则观象于天，俯则观法于地，观鸟兽之文与地之宜，近取诸身，远取诸物，于是始作八卦，以通神明之德，以类万物之情。”包牺氏就是伏羲，八卦是对自然界万事万物的规律总结，万事万物也可以据此分为八个类别。比如说自然界最常见的八种现象，乾可以代表天，坤可以代表地，乾坤代表天地，艮代表山，巽代表风，坎为水，离代表火，震代表雷，兑是泽，湖泊沼泽的泽，所以天、地、山、风、水、火、雷、泽这八类事物可以作为八卦的基本象。

八卦既然可以类比万事万物，就不仅仅代表这八种基本项，比如八种动物、八个数字。还有八种基本的德行，乾有健动之德，坤有柔顺之德，乾代表天，古人认为天是转的、地是安静的，所以乾有健动之德，大地非常忠诚地执行天的命令，春天发芽开花，秋天就结果成熟;《周易》的主要创作者都生活于黄河流域，那里四季分明，大地柔顺地执行天的指令，所以说乾健坤顺。离为火，有明丽之德；艮为山，有安静安止之德；如此等等。八卦代表八种基本的德性。

《说卦》等文献中还具体罗列了一大批八卦的具体象征事物，下表仅仅列出常用的一部分：

表 1–1　八卦对应的具体象征事物

八卦	数	卦象	卦体（卦德）	家庭	身体	方位（后天）	家畜
乾	一	天	健	父亲	头	西北	马
兑	二	泽	悦	少女	口	正西	羊
离	三	火	丽	中女	目	正南	雉
震	四	雷	动	长男	足	正东	龙
巽	五	风	入	长女	股	东南	鸡
坎	六	水	陷	中男	耳	正北	豕
艮	七	山	止	少男	指	东北	狗
坤	八	地	顺	母亲	腹	西南	牛

这里面有个家庭成员与八卦的对应关系，叫“乾坤生六子”，乾代表父亲，坤代表母亲，生了六个孩子，三男三女。

表 1-2 家庭成员与八卦的对应关系

乾坤六子	三索	艮 ☶ 少男	兑 ☱ 少女
	二索	坎 ☵ 中男	离 ☲ 中女
	一索	震 ☳ 长男	巽 ☴ 长女
自下而上看		坤 ☷ 母亲	乾 ☰ 父亲

那么艮、坎、震与兑、离、巽这六个卦，如何分男女呢？在中国的观念里是以少为尊、以稀为贵，越少越关键，千万不能以多取胜，所以，只有一个阳爻、两个阴爻的代表男性，艮、坎、震是男孩，一阴二阳的巽、离、兑是女孩。这就是“阴卦多阳、阳卦多阴”的道理。

三男之中，震为长男，坎为中男，艮为少男。《周易》讲气从下往上升，学《周易》，画八卦、六十四卦，一定是从下往上画，不能够从上往下画。中国人讲阳气从地面向上升发，春天竹子感受到阳气勃发就破土而出，人要常在地面上走，尽量到户外多活动。前面讲以少为尊，这里讲的是尊贵者要当老大，要善处众阴之下，处在这些比他弱的人下面，才能够真正当老大。

这也可以引申出中国古代政治管理当中的两个基本原则：“以少为尊”和“王者善处于下”。唐太宗李世民就比较完美地体现了这两个原则。他从 17 岁开始鼓动他的父亲从晋阳（太原）起兵造反，从 17 岁到 23 岁，他率领的千军万马打了唐朝开国的四个大战役，整个决定胜局的六个战役有四个是他打的。他不仅是一个战略指挥家，个人的战斗能力也很强，他力量很大，打仗用的弓比一般士兵的弓要宽一倍，别人根本拉不动他的弓。高祖李渊也是靠拉弓射箭起家的，当年比武招亲迎娶窦氏，李渊就是一箭射中了百步之外屏风上画的孔雀的眼珠子。李渊拉他儿子的弓，也拉不动。在著名的虎牢关之战中，李世民曾经跟尉迟敬德两个人边打仗边吹牛，说我们俩配合，你拿一把长槊，我拿一张弓，一远一近，天下无人能敌。有的资料记载是尉迟敬德在虎牢关战场上说："秦王持弓，我执矛，而天下莫能当。"有的记录则是李世民说："吾执弓矢，公执槊相随，虽百万众若我何！"虎牢关之战最能体现李世民的霸气。那一年他才22岁。李世民经常带几个亲兵就去突击对方大军，结束之后告诉别人我是秦王李世民，敌方派几千人追过来，他就把别人引到埋伏圈里，可谓有勇有谋、有战略有战术。通过长期战斗，他养成了一种威严，就是"以少为尊"，在他29岁的时候发动了玄武门之变，抢到了皇帝的宝座。《贞观治要》说唐太宗即位以后，威容严肃，自然的有一种威严，带有肃杀之气，虽然很年轻，但"百僚觐见，皆失其举措"。文武大臣去拜见他的时候，都惊慌失措，在这种氛围中，别说提建议了，就是拍马屁嘴都发抖。但是唐太宗很清醒地知道这样不行，树立威望是管理者的第一步，第二步就要把这个威望放下来，放得下、拎得起，这样才行，如果放下之后别人失去敬畏，也不行。他刚当皇帝的时候，发生了一件事。皇宫里面请来了一位全国造弓箭造得最好的工匠，要为宫廷打造几把好弓。李世民很高兴，把自己多年打仗使用、收藏的弓拿过来请工匠鉴赏，工匠看了之后却说这几把弓都不是非常好，弓弦的弹性可能还好，弓背的木料选择也可以，但这个木料纹路不正，脉理皆邪，这种弓一拉满之后，射远了可能就偏。李世民一听恍然大悟，第二天就跟他的大臣们说：这个工匠对我非常有启发，我自认为是军事领域的专家，我从十七八岁打仗，在军事领域干了一二十年，竟然对于弓箭还有常识问题没弄懂，现在从军事领域转到政治领域，当皇帝、搞政治，刚刚一两年，这个领域我不懂的东西应该更多，因此我必须要听你们的建议。所以，贞观初期李世民听部下汇报工作，必定收敛锋芒、和颜悦色，让别人放松，坦陈自己的看法，一旦听到了有价值的意见和建议，马上有重奖。当然，李世民放下身段纳谏的前提是个人的尊贵地位牢固，大臣提建议是如何补救君王的过失，如何更好地维护国家利益与皇帝威望。如果说你前面第一步做得不够，个人的品德、威望没有建立起来，也就谈不上放下身段了。

三、六十四卦

六十四卦何时出现，说法不一，《史记》《汉书》都记载伏羲画八卦，文王重卦，孔子作十翼。郑玄指出卦爻辞都是文王所作。唐代的孔颖达在《周易正义》里说卦辞为文王所作，爻辞是周公所作。清人顾炎武则根据《周礼》指出重卦不始于文王，夏代的《连山易》、殷商的《归藏易》，都是六个爻组成的六十四卦。《周礼·春官》记载，《易经》的三种形态，一曰《连山》，二曰《归藏》，三曰《周易》。这三种《易》都是由八个基本卦组合成六十四卦。这三种《易》的卦序是不同的。《连山》以艮卦为首卦，象征“山之出云，连绵不绝”;《归藏》的首卦是坤卦，象征“万物莫不归藏于其中”，即万物始发端于大地，终又归藏于大地;《周易》是以乾卦为首。

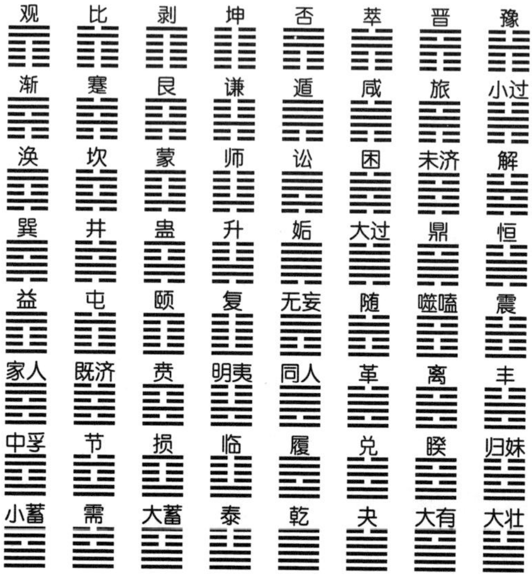

图 1-2 六十四卦

1. 卦名的由来

在《象传》《象传》之中，常用两个八卦的某种象征加以组合，来阐释六十四卦的卦名由来。最常用的是天、泽、火、雷、风、水、山、地八个基本象，健、悦、丽、动、入、陷、止、顺八个卦德，以及乾坤生六子的家庭喻象。下面我们看一个咸卦䷞，由八卦的兑和艮组合而成。这两个卦的组合为什么叫“咸”呢？“咸”这个字在古代有两个含义：一个是都、全部，有个成语“少长咸集”，就是这个用法；另一个是“感应”的意思，就是感动的“感”去掉“心”字底，被称为无心之感，没有心的感动是“咸”，即不需要经过什么思虑而产生的自然感应。现在很多人喜欢上网征婚，看照片第一眼觉得这个人长得好丑，不想跟他感应，但再一琢磨，他们家有车有房，我勉强跟他感应一下，见个面找找感觉，这个叫有心之感。而无心之感，就是不思虑这些外在的情况，自然地两情相悦，这在单纯的少男少女之间比较容易发生。“兑”在家庭里边代表小女孩，“艮”是小男孩。在咸卦之中，小男孩处在谦逊的下位，小女孩处在被动感应的上方，这是少男追求少女的象征。少男追求少女，不想这么多的利害关系，只要感情好一切都好。这就是少男、少女之间的“无心之感”，就引申出了咸卦。

“咸”代表着男女之间自然的情感，咸的卦辞“亨，利贞，取女吉”。咸代表爱情，有亨通之德，爱情的关键在于守持正固、相互忠贞，这样才能步入长久的婚姻关系。《周易》是儒家经典，主要讲齐家治国之道，而咸卦怎么只讲爱情？儒家学者当然不会仅仅停留在这一点，他们在解释咸卦的时候指出，咸卦是讲少男少女的爱情，有点像《诗经》里边的《关雎》，“关关雎鸠，在河之洲，窈窕淑女，君子好逑”，但这也可以类比齐家治国的学问，如果君臣上下之间、管理团队核心人物跟部下之间，都能够像少男少女那样心有灵犀、心意相通，那这个团队一定是有效率的。一个团队能够像少男少女一样心意相通，如同初恋的男孩、女孩经常有直觉的感应，你给他打电话，他也在给你打电话，你刚说前半句，他就把后半句说出来了，上下之间坦诚相待，一定是一个很好的团队。所以咸卦不仅讲爱情，也可以从爱情引申出一些管理的思想、做人的道理。如果团队里面不是相互自然的感应，而是人心隔肚皮，领导发指示，下属就嘴上高呼忠诚，实际上瞎糊弄，这就不是咸卦的精神，而是睽卦的乖离之象了。

鲁迅的小说里面有个“咸亨酒店”，他的故乡浙江绍兴现在还有这个酒店，其名字就是从《周易》咸卦来的。爱情可以带来亨通和畅的身心境界，而如果你暂时还没拥有爱情，就可以到咸亨酒店喝酒，通过酒精的麻醉也可以带来亨通和畅的感觉，它是用爱情跟饮酒做了个类比。

2.《程氏易传》对卦名的解释

程颐承续先秦《易传》之说，并吸收、改进了王弼的讲法，以这些为基本原则来阐述六十四卦的卦名以及含义。《程氏易传》解释随卦卦名时指出："凡成卦，既取二体之义，又有取爻义者，复有更取卦变之义者。"在此列举了三类六十四卦成卦的原因：第一种是由上下两个八卦的某种象征意义推演而来，第二种是由六个爻的相互关系推导而来，第三种以"卦变"之说演绎得来。程颐在解释离卦时指出："八纯卦皆有二体之义。乾，内外皆健；坤，上下皆顺；震，威震相继；巽，上下顺随；坎，重险相习；离，二明继照；艮，内外皆止；兑，彼己相说。"六十四卦的八纯卦都是从"二体"这个角度推导其卦名的。

《程氏易传》释"贲卦彖辞"时，又根据前面的三类方法相互组合、细分，列举了七种成卦之法，并详细阐述了乾坤卦变说，其云："凡卦，有以二体之义及二象而成者，如屯取'动乎险中'与'云雷'。讼取'上刚下险'与'天水违行'是也。有取一爻者，成卦之由也，'柔得位而上下应之，曰小畜'，'柔得尊位，大中而上下应之，曰大有'是也。有取二体，又取消长之义者，'雷在地中，复'，'山附于地，剥'是也。有取二象兼取二爻交变为义者，'风雷，益'兼取'损上益下'，'山下有泽，损'兼取'损下益上'是也。有既以二象成卦，复取爻之义者，夬之'刚决柔'，姤之'柔遇刚'是也。有以用成卦者，'巽乎水而上水，井'，'木上有火，鼎'是也。鼎又以卦形为象。有以形为象者，'山下有雷，颐’，‘颐中有物曰噬嗑’是也。此成卦之义也。如刚上柔下、损上益下，谓刚居上，柔在下，损于上，益于下，据成卦而言，非谓就卦中升降也。如讼、无妄云‘刚来’，岂自上体而来也？凡以柔居五者，皆云柔进而上行，柔居下者也，乃居尊位，是进而上也，非谓自下体而上也。卦之变，皆自乾、坤，先儒不达，故谓贲本是泰卦，岂有乾、坤重而为泰，又由泰而变之理？下离，本乾中爻变而成离；上艮，本坤上爻变而成艮。离在内，故云‘柔来’，艮在上，故云‘刚上’，非自下体而上也。乾、坤变而为六子，八卦重而为六十四，皆由乾、坤之变也。”

程颐在此列举了多种成卦之法。第一种是根据上下两个卦体（卦德）的意义以及上下两卦的卦象来成卦的。比如屯卦，屯有艰难、始生之意，由上坎下震组成，从八卦的卦体来说，坎代表危险，震代表动，在危险的环境中有所动作，可以体现屯难之意；另外从卦象上说，震代表雷，坎代表水，水在雷的上面就是云，这是乌云密布、雷声轰鸣的场景，雨要下而未下，也有屯难、始生的意思，也可以推导出屯卦的意象。讼也类似，从卦体上取上刚健、下险阻之意，从卦象上取天向西行、水向东流，二者的方向相违背之意来立争讼之意。第二种是取一卦之中某一爻为意，这一爻就是这一卦的成卦原因。比如小畜卦，六四爻作为阴柔之爻而得正位，六四又与初九相应，这就是小畜；大有卦，六五阴爻居中，阴柔之爻得居尊位而上下相应，这就是大有。第三种是取上下两个卦体，又取阴阳消长为意。雷在地中是复卦，山附着在地上是剥卦，这两卦就是如此。第四种是取上下两卦的卦象，又兼取两个爻交互变化为意。上巽为风，下震为雷，这是益卦，也兼取损上益下的意思；上艮下兑，山下有泽，这是损卦，也兼取损下益上，这两个卦就是这样的。第五种是既取上下两卦的卦象，又取卦中之爻为意。夬卦之五个阳爻决去上面的一个阴爻，姤卦之一个阴爻承接五个阳爻，这两卦就是这样。第六种是根据其用处来成卦。井卦上坎下巽，巽者入也、坎者水也，水入其中（巽还象征“木”、有水入木桶之意），而把水提上来，这是井的象征；鼎卦上离下巽，下卦像一个支架，上卦像一个空腹有盖子的锅，故此卦以形状来取象，象征木上有火、烧火煮饭之意，这两卦就是如此。第七种是以形来取象。颐有颐养、滋养的意思，而滋养需要通过嘴巴饮食来获得，颐卦的卦形就是一个口中有齿的形状；而噬嗑卦本意是咬合，卦形则像口腔中在咀嚼东西，这是这两卦的成卦原理。

程颐还认为，像那些所谓的刚上柔下、损上益下，是说阳刚之爻在上而阴柔之爻在下，上面的损毁，下面的增益，这是根据成卦的道理而言，并不是说卦之中的升降。比如讼、无妄说“刚来”，岂是说真的有刚爻自上体而来？凡是阴柔之爻居于五位的，都说阴柔之爻前进而上行，阴爻是应该居下，且居于尊位，这就是前进而上行，并不是说真的自下体而上行。凡卦的变化，都自乾、坤两卦而来，之前的儒者（王弼、孔颖达等）不明白这个道理，说贲卦是从泰卦变化而来，岂有（八卦之）乾、坤重叠而成泰卦，又由泰而变化成贲的道理？下卦之离，本是乾卦中间的一个阳爻变成阴爻而成的；上卦之艮，本是坤卦上面的阴爻变成阳爻而成的。离为内卦，所以说“柔来”；艮为外卦，所以说“刚上”，并不是说自下体而向上。乾、坤两卦变化而成六个子女卦，八卦相重叠而成为六十四卦，都是由乾、坤两卦变化而成的。

四、《周易》的文字系统与哲理内涵

根据出土文献以及《周礼·春官》的说法，《易》经历了由符号到文字的发展过程。在远古时代，伏羲根据他对自然界的理解，画出了阴阳、八卦符号。夏朝以后六十四卦组成的《连山易》出现，商朝演变成《归藏》，周朝演变成《周易》，这就是《史记》所说的“文王拘而演周易”。文王时不仅仅有六十四卦，有符号，文字系统也产生了，且比较健全。相传是文王在每一卦后面，写了一句话，这句话可能是一个经典的占卜案例，叫作卦辞。文王多子多福，有“百子”，最有名的就是周武王和周公，而周公据说是爻辞的作者。一卦六个爻，周公在每一爻的后面加了一句话就是爻辞。《周易》从伏羲发展到文王父子阶段，就变成了有六十四卦、每卦六爻共三百八十四爻，再加上乾坤的用九、用六，卦辞、爻辞加在一起共四百五十句话，这就是《易经》的主要内容。

《史记》讲“孔子晚而喜《易》，读《易》韦编三绝”，孔子晚年非常喜欢《易》，串竹简的皮革被翻断多次，研究之后讲“吾与卜筮之易，同途而殊归”，他着重探讨的是《周易》蕴含的天人合一的道理。孔子创作了《象传》《彖传》《系辞》《文言》《说卦》《序卦》《杂卦》。现存的《周易》就是由文王所作的《经》和周公、孔子所作的《传》组成的。但也有研究显示，这些内容反映了孔子与儒家的思想，经过后世学者逐渐整理成形。

五、《易传》“推天道以明人事”的诠释目的

儒家易学的核心是根据《周易》卦象所蕴含的天地万物的运行规律，来启迪、类比做人做事、齐家治国平天下的道理。《系辞》讲“天尊地卑，乾坤定矣”，天和地组合成一个运行系统，万事万物都在这个系统里生存发展，而天地是长久运行、可大可久的。在天和地的配合下，上天有阳光雨水，大地有土壤滋养，形成了万物生生不息的局面。我们周围的大树小草，都是天和地配合，按照春夏秋冬的规律生长的结果。天地配合之下形成了一个生生不息的局面，这个局面通过阴阳六十四卦的符号，把它引到《周易》里面来；如果把这个规律再演绎到人事当中去，把管理层中的决策者类比成天，把执行者当作地，那么决策与执行两者，都按照天地的规律来运行，人类社会的组织运行也可以形成天长地久、生生不息的和谐局面，这就是“卑高以陈，贵贱位矣”。推天道以明人事，这是儒家易学所要阐释的核心问题。

1. 格物致知的诠释方法

《礼记·大学篇》列出三纲八目的为学次第，对诚意、正心、修身、齐家、治国、平天下都有诠释，但对格物和致知却没有明确的释义。汉以后，注家纷起。明末刘宗周曾言：“格物之说，古今聚讼有七十二家。”郑玄认为“致知”是在“格物”之前的一个过程，把“格”理解为招来，“格物”是使事物来到，指通过学习获致所知，知善就会招来善事，知恶就会招来恶事。程颐认为格物就是穷理，探究万事万物以穷尽其理，然后可以致知。他指出：

“格犹穷也，物犹理也。犹曰穷其理而已矣。穷理然后足以致知，不穷则不能致也。……若只格一物便通众理，虽颜子亦不敢如此。需是今日格一件，明日又格一件，积习既久，然后脱然自由贯通处。”朱熹则承续程子之说，认为格物致知是通过穷尽事物的理，而后使心有所知。朱熹云：“格，至也。物，犹事也。穷推至事物之理，欲其极处无不到也。……所谓致知在格物者，言欲致吾之知，在即物而穷其理也。”心学的代表人物陆九渊（因讲学于象山书院，又被称为“陆象山”）在字义的考察方面与程朱差别不大，只是强调探究事物之理要把握根本、体悟真知，否则，今日格一件，明日格一件，流于枝节。象山指出：“格物者，格此者也。伏羲仰象俯法，亦先于此尽力焉耳。不然，所谓格物，末而已矣。”郑玄之说倒置格物与致知，有些牵强。程、朱所言颇为精到。陆九渊引入伏羲仰象俯法，总结归纳天地万物的根本道理以创作阴阳、八卦以及易理的过程来阐述“格物”，有其独特之处，与先秦儒家的诠释传统有所契合。

陆九渊认为《系辞》记载的伏羲“仰象俯法”是格物的根本之处。《系辞》记载，伏羲氏称王于天下时期，他仰首以观察天上日月星辰之象以及运行规律，俯身以取法地形，观察鸟兽纹路的生长规律以及适宜生长在地上的种种事物，近取象于自身，远取象于万物，于是开始创制八卦，借以通达神明的德性，类比万物的情状，探究以天地人为核心的宇宙万事万物，从中总结归纳出宇宙人生的根本规律，这就是格物、致知。这里的“通神明之德”与《大学》三纲之“明明德”有相通之处。陆氏自己也曾指出：“所谓格物致知者，格此物致此知也，故能明明德于天下。”将“格物”所致之“知”明确定位为“明德”的根本之知。所谓“明德”，各代解释颇多，参照《易传》而言，明德就是天德。《系辞》云：“法象莫大乎天地，变通莫大乎四时，县象著明，莫大乎日月。”天上最显著的象就是日月，日月最基本的特征就是光明，此光明照耀大地，四时运转，长养万物。这就是孔子所言“天何言哉，四时行焉，百物生焉”的利天下万物，不居功、无私利的天德。程颐也指出：“夫天，专言之则道也，天且弗违是也；分而言之，则以形体谓之天，以主宰谓之帝，以功用谓之鬼神，以妙用谓之神，以性情谓之乾。”神明之德、日月之明德都是天德所显现的几个角度。而天德最具有代表性的表述就是乾卦所言“元亨利贞”四德。所以“明明德”就是要明于“天德”。伏羲“格”天地之道，探讨天地的根本规律，在天人合一理念的指导下，总结出了人显明天德，实现天人合一的《易》知识体系，这是儒家学者首先要用心之处。

《系辞》指出《易》既然总结了天地的根本规律，所以“易与天地准，故能弥纶天地之道”。易道与天地等同，所以能包罗天地之道，自然就可以从易象之中探究“格”出各种知识体系。而在《周易》六十四卦之中，对天德、明德论述得最完整的还是乾卦。《文言》秉承格物、致知的诠释风格，对乾卦之象进行了详细探究，引申出一套君子效法天道、成圣成贤的知识体系。乾坤两卦尤其是乾卦是《周易》的核心，《系辞》云：“乾坤，其易之缊邪？乾坤成列，而易立乎其中矣。乾坤毁，则无以见易，易不可见，则乾坤或几乎息矣。”若能通过格物、致知，体会乾坤两卦蕴含的智慧，“举而错（通“措”）之天下之民，谓之事业”，把天道、地道、万物之道按照天地人合一的理念，服务于天下民众，就叫作事业，这是易道的根本。若不明伏羲仰象俯法之精要，不明乾坤之旨趣，便如陆象山所言，流于枝末、不见根本。但是，对于一般人来说，仅仅知道根本之处还不够，还有许多细节知识需要学习、实践，才能够集腋成裘。诚如前述程颐所言：“若只格一物便通众理，虽颜子亦不敢如此。需是今日格一件，明日又格一件，积习既久，然后脱然自有贯通处。”君子格物致知、进德修业，确需本末兼顾。

《大象传》每卦一条，共六十四条，每条都分为两句话。第一句基本上是分析组成六十四卦的上下体的卦象，并由此点出卦名。第二句话根据上下体的易象或者六十四卦卦名之象引申，对各种卦象进行格物探究，得出君子进德修业的多种具体知识和技能，指明君子应该体悟和效仿卦象以培育君子人格和管理智慧。比如《乾卦・象传》曰：“天行健，君子以自强不息。”乾卦上下体由八卦之乾重叠而成，八卦之中，乾为天，上下皆天，表示天健行周流，永不停息。君子对此进行格物，以要效仿天德，形成自强不息的品德。《坤卦・象传》言：“地势坤，君子以厚德载物。”坤卦上下体由八卦之坤重叠而成，八卦之中，坤为地，上下皆地，地有涵养万物、厚实和顺之德。君子对此进行格物，得出要效法地德，以博大胸襟容载万物的见解。《讼卦・象传》云：“天与水违行，讼；君子以作事谋始。”讼卦乾上坎下，是天在上、河流在下之象。君子对天西转而水东流，两者相违的自然现象进行格物，启迪出创业之始就仔细思考、杜绝争讼根源的智慧。《需卦・象传》云：“云上于天，需；君子以饮食宴乐。”需卦坎上而乾下，是云彩飘于天上之象。君子对此进行格物，得出君子应有游云一样的悠游之心，以饮食娱乐、劳逸结合。《师卦》本来是一个讲军事的卦。《师卦・象传》指出：“地中有水，师；君子以容民畜众。”师卦的上卦是坤，坤为地；下卦是坎，坎为水，从卦相看，是大地含水之象。君子对此进行格物，仿效大地含水的性质，广容百姓、聚养众人。

震卦由上下两个震卦重叠而成，表示两雷叠加，雷声连续不断之象。《震卦·象传》云：“洊雷，震；君子以恐惧修身。”“洊”为“再”之意，“洊雷”就是迭连轰响的雷声。君子对此进行格物，观察到迭连轰响的雷声会让人类和动物惊恐，效恐惧之心，以如临深渊、如履薄冰的心态修养道德。《中庸》云：“是故君子戒慎乎其所不睹，恐惧乎其所不闻。莫见乎隐，莫显乎微。故君子慎其独也。”《中庸》所提到的“慎独”思想与《易传》的这个思想是一致的。

在《大象传》之中，君子格物、致知，所学习的内容十分广泛，包含了君子之德、处世之道、教化之方、管理之术、刑狱之事等等。《大象》明确了自强不息、厚德载物、持之以恒、改过迁善的君子之德；要求君子处于世间要根据不同的环境，有张有弛，于顺逆之境中保持君子的节操；并对君子在国家管理、教育教化、司法刑狱等活动中的原则、方法给出了明确的解读，对后世儒家的君子教育内容有深刻的影响。

《系辞》上下两篇分别有一个段落，集中记录了孔子对多个爻辞的解读，通过对爻象以及爻辞之中的故事的格物，探究出君子进德修业的各种知识。《系辞上》列举了孔子诠释的七则爻辞，其中一段是孔子对《中孚》九二爻辞的诠释：“鸣鹤在阴，其子和之。我有好爵，吾与尔靡之。子曰：君子居其室，出其言善，则千里之外应之，况其迩者乎！居其室，出其言不善，则千里之外违之，况其迩者乎！言出乎身，加乎民。行发乎迩，见乎远。言行，君子之枢机。枢机之发，荣辱之主也。言行，君子之所以动天地也，可不慎乎？”这一段爻辞之中，有两个小故事。第一个故事是母鹤在树荫下鸣叫，由于母子同心、心心相印，小鹤应声而和。另一个故事则是志同道合的朋友在一起，心心相印、互相举酒唱和的场景。夫子对这两个故事进行格物，得出君子应当谨言慎行、善言善行的智慧，指出君子有善言、善行，远近民众就会像两鹤对鸣、饮酒唱和那样呼应；若有不善之言行，则远近的民众都不会呼应。言语出于身，影响于民，行动发生在近处，而显现于远处。言行，是君子的枢机，君子是可以用它来惊动天地的，应当非常慎重。《系辞下》列出了孔子诠释的十一则爻辞，其中一段是孔子诠释解卦上六爻辞："易曰：公用射隼于高墉之上，获之，无不利。子曰：隼者，禽也；弓矢者，器也；射之者，人也。君子藏器于身，待时而动，何不利之有？动而不括，是以出而有获，语成器而动者也。"这一爻辞所蕴含的故事是，一位公爵在高墙上举弓箭射中隼鸟，捕获了它。孔子对这个故事进行了格物致知的诠释，指出隼是禽鸟，弓矢是射鸟的器具，射隼的是人。君子把弓箭藏在身上，等待时机而行动，哪有什么不利的？成功是给有准备之人的，君子不仅仅要有所准备，在机会出现的时候，行动还要像猎隼的射手一样沉着而不乱慌，才能出手必有所获。由《系辞》之中明确有"子曰"的这些文字可以看出，按照格物致知的诠释方法，从《周易》卦爻辞之中记载的一些典故以及日常生活中的万事万物，探究其可以与君子修齐治平相感通的部分，将其合理地延伸到君子进德修业的知识体系上来，这是孔子和儒家一贯的诠释方法、教育方法。

《系辞》还有十二盖取之说："作结绳而为网罟，以佃以渔，盖取诸离。……刳木为舟，剡木为楫，舟楫之利，以济不通，致远以利天下，盖取诸涣。"离卦的图形有两孔相连之象，远古之人结绳索而制作网罗，用来猎兽捕鱼，就是对离卦格物探究而来的。涣卦上巽下坎，有木行水上之象，那么古人凿空木头以成舟船，剡削木材以成桨楫，用舟楫渡涉江河，便利于天下，就是对涣卦进行格物探究的结果。《系辞》列出了十二种人类生产生活的知识体系，认为都是从《易》的卦象之中格物、探究出来的。这不一定符合史实，这一诠释角度不为后世儒家所重视。

2. 先秦儒家对《诗》等经典也运用格物致知的诠释方法

《周易》经传的诠释传统就是《大学》之中的格物、致知。但这种诠释方法并不仅仅限于《易》，孔门师生对于《诗经》的诠释也是如此，如《论语·八佾篇》云："子夏问曰：巧笑倩兮，美目盼兮，素以为绚兮。何为也？子曰：绘事后素。曰：礼后乎？子曰：起予者商也！始可与言诗矣。"子夏以《诗经·卫风·硕人》中的一句诗"巧笑倩兮，美目盼兮，素以为绚兮"来问孔子，孔子依原意解释。子夏按照孔子诠释卦爻辞以及其他经典的习惯，对这个故事加以格物，得到"礼仪生于仁义之后"之知。孔子对此大加赞赏，认为子夏给予他很大的启发，从此可以与子夏讨论《诗》了。同样，儒门君子从《关雎》那里所学到的是一种念兹在兹的诚挚之意。孔子曰："吾未见好德如好色者也。"若能把道德仁义由理性的知识转化为类似青年男女念念思慕的本能情感，君子之好德犹如凡夫之好色，把德行由理性转化，深化为本能的习惯，则德行可成。《韩非子·喻老篇》有个故事，子夏拜见曾子，曾子问他，一段时间不见，怎么长胖了？子夏说他以前听到仁义道德的理论就觉得快乐，出门看见他人荣华富贵也觉得羡慕，两个念头在脑子里斗争，产生焦虑，所以就瘦了；现在是先王的仁义道德胜了，心神安定，安贫乐道，所以胖了。子夏能达到心广体胖的境界，应当与其善于从《硕人》等诗格物、致知乃至诚意、正心、修身有关。子夏变胖的过程是将德行之知识转变为习惯、本能，将实践德行的知识反复践行，逐渐替换了羡慕富贵的本能情感，将德行升华到本能的层面，达到心灵的和谐统一，这就是《大学》所说的诚意、正心的功夫。能如此正心，就是"富润屋，德润身，心广体胖"了，再进一步地修、齐、治、平就是自然而然的事情了。先秦儒家典籍之中，类似子夏将德行之知识升华到本能层面的人还有不少。如《孟子》云："舜之居深山之中，与木石居，与鹿豕游，其所以异于深山之野人者几希；及其闻一善言，见一善行，若决江河，沛然莫之能御也。"孔子云："回之为人也，择乎中庸；得一善则拳拳服膺而弗失之矣。"舜、颜回都是对德行、善行如凡夫好好色、恶恶臭一般，完全出于本能，没有丝毫的思虑抉择，完成了由德之知向德之行的转化。《孟子》云："鸡鸣而起，孳孳为善者，舜之徒也；鸡鸣而起，孳孳为利者，跖之徒也。欲知舜与跖之分，无他，利与善之间也。"《关雎》的辗转反侧、盗跖之徒的孳孳为利、大舜之徒的孳孳为善，在心理层面都属于本能。儒门君子就是要善于从这些本能习惯之中格物，探究出把德行由知识转化为本能习惯的方法并实现之。

先秦儒家在天人合一理念的支撑下，以谦逊之心向天地万物学习，从中探究与君子人格培育相互感通之处，用以培养君子人格、圣人气象。这种格物、致知的诠释方法与为学次第是先秦儒学的基本特征之一，这也开启了汉以后的经学诠释传统。宋明以后，尤其是清代至民国时期，很多文学、史学、哲学学者，试图否定儒家诠释《诗》《易》的传统。民国时期的古史辨学派集此类否定思潮之大成，在《古史辨》第三册之中，台湾"中央研究院"的陈槃先生认为《关雎》只是情诗："玩味原诗，不过是一篇抒情写相思很深刻的情诗，不应该把腐败的‘德、化’等等名词去冤枉它。”其实，《关雎》是情诗、《易》是卜筮之书是一个基本的常识，古代的儒者当然也知道，孔子所言“绘事后素”就是诠释言情诗的一面。但儒者不能仅仅停留在这一常识层面，儒家从情诗、卜筮案例之中通过格物、致知探讨出君子进德修业的知识体系并加以践行，这才是其高明之处，也是儒家经学与乡土文学、术数之学的分野之处，许多近现代学者的诠释实际上是向常识的倒退。当然，《毛诗》等将《关雎》阐释为“后妃之德”等具体的“致知”内容是否准确，是否有助于“明明德”这一为学的根本目标，可以探讨、争议，但这种格物致知的诠释方法、诠释向度是值得肯定的。

六、《周易》“象、辞、理”的逻辑关系

王弼开创的义理易学“扫除象数”，并非废象而不言，而是扫除汉代易学穿凿附会的诸如互卦、纳甲、飞伏等象数学说，回归到先秦《易传》本来就有的易象学说之中去。在《彖传》《象传》《系辞》之中，有着大量关于卦爻象的记载，先秦儒家非常注重分析卦爻象与卦爻辞的逻辑关系，由此再延伸出修身、齐家、治国、平天下的义理之学。王弼专门写了《周易略例·明象》一文，系统总结了先秦《易传》的易象学，指出“夫象者，出意者也；言者，明象者也。尽意莫若象，尽象莫若言。言生于象，故可寻言以观象；象生于意，故可寻象以观意。意以象尽，象以言著”，揭示了卦爻象与卦爻辞及义理之间的逻辑关系。但王弼在从卦爻象、卦爻辞推导出义理思想的时候，将其引向了老庄之学。程颐大体秉

承了王弼的易象之说，并进行了微调，但在义理阐释方面则拨乱反正，回归孔子释易归儒的本怀。关于儒家义理、卦爻辞与象数的关系，程颐明确指出:“理无形也，故因象以明理。理见乎辞矣，则可由辞以观象。故曰得其义则象数在其中矣……有理而后有象，有象而后有数。得其义，则象数在其中矣。必欲穷象之隐微，尽数之毫忽，乃寻流逐末，术家之所尚，非儒者之所务也。”儒家之道理是《周易》所需要阐释的最根本内容，但道理无形，需要通过卦爻辞的类比、感通加以显现，而卦爻辞又需要通过与象数建立逻辑联系来显示其在《周易》体系中的正当性。由卦爻象到卦爻辞再推导出儒家义理之学，这一过程也符合格物、致知的诠释路径。

1. 卦爻位与卦爻象

六十四卦中每一卦有六爻，六爻之位次由下而上，列为初爻、二爻、三爻、四爻、五爻、上爻。六爻之中分三才，初、二为地位，三、四为人位，五、上为天位。因大衍筮法的推算结果，《周易》之中阳爻称九、阴爻称六，如阴爻居于初位则称呼“初六”，阳爻居于五爻则称“九五”。在六十四卦的三百八十四句爻辞之中，其“吉、凶、悔、吝”的判断各有不同。一般认为爻辞的内容与爻象、爻位有一定的关系，但通观《周易》全书，并没有严格的规律可循，而在先秦《易传》、王弼易学之中也有一些相对固定的说法，这就是乘承比应、中位、正位之说。

2. 乘承比应

乘与承是相邻两爻的关系，承是在下承接，乘是乘驾在上。

阳爻乘阴爻、阴爻承阳爻为顺，阴爻乘阳爻、阳爻承阴爻为逆。比是比邻、比近的意思，也是讲相邻两爻的关系。如果比邻的两爻是一阴一阳，就更加亲近一些；如果是同阴或同阳，则会有同性相斥的效应。应是对应、应合的意思。每个六爻卦都是由两个八卦上下重叠而成。如果上下卦连成一体看，上卦的第一、二、三爻就是全卦的第四、五、六爻，这样初与四、二与五、三与上就有了对应关系。对应关系要服从同性相斥、异性相吸的原理：在相应位置上的两爻如果是一阴一阳，就是阴阳正应；如果是同阴或者同阳就构成敌应关系。这就是爻位的“乘承比应”说。

3. 中位与正位

《系辞》云：“二与四，同功而异位，其善不同，二多誉，四多惧，近也。柔之为道，不利远者，其要无咎，其用柔中也。三与五，同功而异位，三多凶，五多功，贵贱之等也。其柔危，其刚胜邪？”所谓“中位”，是指第二爻与第五爻，它们分别居于下卦与上卦的中位，易例为“中”。居于中位的爻辞以吉祥居多，可见《周易》重视“中”道的原则。

所谓“正位”，又称为“当位”。一卦的六爻之爻位有奇偶之分，初、三、五为奇数，属于阳位；二、四、上为偶数，属于阴位。如果阳爻居于阳位、阴爻居于阴位，被称为“正位、当位”，反之称为“不正”或者“不当位”。一般来说，乘承比应、中位、正位这些原则之中，其有利因素的多少会影响到爻辞的吉凶悔吝，但也要具体情况具体分析，没有一定的规律。

这些原则是义理学派所共同遵循的，但各学者对细节的理解各有不同。王弼曾认为“初”与“上”没有阴阳当位之说。程颐则不同意此说:“王弼以为无阴阳之位，阴阳系于奇偶，岂容无也。然诸卦初上不言当位不当位者，盖初终之义为大。临之初九则以位为正，若需上六云不当位，乾上九云无位，爵位之位，非阴阳之位也。”朱熹也赞成程颐的观点，他说:“伊川说阴阳奇偶岂容无也。乾上九贵而无位，需上六不当位，乃爵位之位，非阴阳之位。此说最好。”

程颐还在王弼易象学的基础上提出了“中重于正”说。比如，恒卦九二爻，属于“中位”，但属于阳爻居于阴位，“不正、不当”。王弼在释恒卦九二爻辞的“悔亡”时指出:“虽失其位，恒位于中，可以消悔也。”将“不正”作为一个不利因素加以分析。但《程氏易传》则指出:“在恒之义，居得其正，则常道也。九阳爻居阴位，非常理也。处非其常，本当有悔，而九二以中德而应于五，五复居中，以中而应中，其处与动皆得中也，是能恒久于中也。能恒久于中，则不失正矣。中重于正，中则正矣，正不必中也。九二以刚中之德而应于中，德之胜也，足以亡其悔矣。”指出恒卦九二爻有居中和六五爻有正应这两个因素，因此“中”这个因素可以涵盖和超越“正”这个因素，为“吉祥”的最重要的条件。

4.随时取义

程颐的《周易》诠释学是按照严格程序进行的。首先剖析卦象、爻象，分析出卦爻象与卦爻辞之间的联系，然后分析卦爻辞中的字句、典故，按照《象传》《彖传》《系辞》的诠释习惯，将其引申到义理之学、儒家的修齐治平之道上来，在某些地方还会加上一段史事，引史证经。但是，上述的成卦及诸爻之间乘承比应、中、正等分析原则并非一个严密的逻辑体系，并非将上述原则按照标准权重组合之后，就可以客观地推导出卦名、卦爻辞及吉凶悔吝的由来。针对此问题，以程颐为代表的义理学派不拘泥于象数逻辑，选择性地采用某些有利于诠释既定卦爻辞的易象因素，而这种诠释又为后面的推演儒家义理埋下伏笔，这就是程颐说的“随时取义以从道”。比如，《程氏易传》在“释屯卦六二爻”时说：“二以阴柔居屯之世，虽正应在上，而逼于初刚，故屯难……初为贤明刚正之人，而为寇以侵逼于人，何也？曰：此自据二以柔近刚而为义，更不计初之德如何也。”该书在解释初九爻时，从阳爻居阳位为正位、初九与六四有正应的角度，把初九爻比喻为贤明刚正的人；而在解释六二爻时，发挥乘承关系中“阴爻乘驾于阳爻之上”为逆的解释，从第二爻的角度将初九比喻为侵逼六二的“寇”。这种对爻位关系几个原则的选择性使用，就是“随时变易”。类似的讲法在《程氏易传》中随处可见，如解释坤卦的六五爻云：“五，尊位也。在他卦，六居五，或为柔顺，或为文明，或为暗弱；在坤，则为居尊位。”这就是根据卦爻辞及义理阐释的需要回避掉阴爻居阳位、尊位的因素不谈。解释比卦的六三爻辞云：“二之中正，而谓之匪人，随时取义，各不同也。”在解释否卦初六爻辞云：“始以内小人外君子为否之义，复以初六否而在下为君子之道，《易》随时取义，变动无常。”都是反复使用这一原则。该书在解释离卦彖辞的时候，总结说：“学者知时义而不失轻重，则可以言易矣。”因为如果严格拘泥于卦爻关系的逻辑规律，必然无法将卦爻象和卦爻辞与先秦儒家易学思想贯穿起来，逐渐就会走入“溺于象数”、抛弃卦爻辞及先秦《易传》另立一说的境地。只有按照“随时取义”的原则，用易象而不溺于象数，才能将《周易》很好地诠释成儒家的修齐治平之经典，这一原则也符合孔子在《易传》中的诠释方法。

5. 卦事爻时

王弼说："卦以存时，爻以示变，夫卦者时也，爻者适时之变也。"认为每一个卦代表特定的"时"，"爻"则是这个大"时"中的变化因素。程颐有时候也把每一卦所代表的君子进德修业的环境称为"卦时"，但在相对于爻位的时候，他提出了"卦事爻时"说。屯卦代表君子在草创、开始的艰难环境，这是"卦之事"，而屯卦的六爻则列举了六类不同的人处理"屯难"的不同方法与态度，这就是"事之时"。屯卦初六爻阐述在下位的刚明之才如何积极应对"屯难"局面；六二爻则阐述柔弱而坚持原则、守道不回之人耐心应对"屯难"的方法；六三爻则阐述阴柔而浮躁妄动的人在"屯难"环境中遇到的危险；六四爻阐述接近君王、得到领导信任而本性柔弱的人，以诚心向下寻求刚明人才的辅助，就可以共同渡过"屯难"的时运；九五爻则阐明居尊得正但缺乏辅佐人才的君王限于艰难之局，要通过渐进改革的办法渡过"屯难"，不应急躁冒进，冒进则凶；上六爻则代表阴柔之才在"屯难"的极点，下无应援的力量，这种人动静失据，限于"屯难"而无法自拔。《程氏易传》在解释屯卦卦爻辞后总结说："夫卦者事也，爻者事之时也。分三而又两之，足以包括众理，引而伸之，触类而长之，天下之能事毕矣。"儒家要求君子进退存亡皆不失其正。君子在修齐治平的社会实践之中肯定会遇到许多复杂的局面，六十四卦就是列举出了六十四种大格局，比如屯难、启蒙、安泰、困惑、否闭、革命、既济、未济等等，这就是"卦事"；而每一卦六爻，加上乾坤二用，就是三百八十六个爻辞，则代表大格局下面不同类别的人、同一类人处在不同时机应对这个格局的态度、方法。当然，君子进德修业所碰到的格局不仅仅是六十四种，每一个卦事、格局也不仅只有六种时机，但君子在细心体会玩味之后，就可以引而伸之、触类旁通，把天下的事理都概括进来。君子以此态度读《易》、玩味、践履，自然可以完成内圣外王的人格修养过程。这就是儒家易学的核心，也是程颐注释易学的用意之所在。引史证经也是《程氏易传》的解易方法之一。朱伯崑先生指出："引史说经，汉易已开其端，借历史人物的遭遇说明卦爻辞的意义。但汉唐人解易，所引历史事件不多。宋易中的义理学派，由于重视王弼注以明人事的传统，常以历史人物的事迹解释卦爻辞，《程氏易传》正是发扬这种传统。"而后杨万里又将此方法推向了极致。

第二讲 《周易》的卜筮

《礼记·曲礼上》中讲:"龟为卜,策为筮。"这就是说,卜与筮是两种算卦的方法,卜法是用龟甲,而筮法用的是五十根蓍草。《史记·太史公自序》曰:"三王不同龟,四夷各异卜,然各以决吉凶。"不同的时代、不同的民族,占卜的方法都不一样,但都有占卜这个现象。在先秦,卜和筮这两种方法是并用的。《史记·龟策列传》还记载,夏朝、殷商时期,卜筮时用的蓍草、龟壳都是新鲜的、一次性的,用完就丢弃,反复用就不灵验了;但是到周朝,蓍草、龟甲都是小心储藏、长期使用的。

一、龟卜与占筮的历史故事

1.《庄子》的记载

古籍中龟卜的事例很多,比如《庄子·外物》有一个故事:"宋元君夜梦披发人,自称清江使,为渔夫余且捕。使人占,曰:神龟。元君命余且献龟。巫师再卜，曰：杀龟以卜，吉。于是杀龟再卜，占七十二卦无不应验。孔子叹曰：龟虽神而不能避余且之网，机智能占却不能逃刳肠之祸。”这里讲一个能通神托梦的大龟，被渔夫抓住了，本想给宋元君托梦来救它，结果弄巧成拙，反而被宋元君身边的巫师拿来杀了，将其龟板用来占卜，七十二卦无不应验，故事的最后又借孔子之口来贬抑通神占卜之学。这个故事在《史记·龟策列传》中的记载更为详细，文笔也更加优美，甚至认为“元王之时，卫平相宋，宋国最强，龟之力也”，宋国的强盛都是这只神龟的功劳。

《庄子》里还记载一个故事，一天庄子正在垂钓，楚王委派的二位大夫前来聘请他出山为官。庄子持竿不顾，打了一个比喻：“我听说楚国有只神龟，被杀死时已三千岁了。楚王珍藏之以竹箱，覆之以锦缎，供奉在庙堂之上。请问二位大夫，此龟是宁愿死后留骨而贵，还是宁愿生时在泥水中潜行曳尾呢？”二位大夫回答说：“自然是愿在泥水中勉强活下去了。”庄子说：“我也愿在泥水中曳尾而行，你们回去吧。”这个故事里面也是将大龟的龟板当作占卜的神器。但用龟壳占卜的具体方法没有详细的记载，只是说“灼”，“灼龟观兆，变化无穷”，用火烧，但怎么烧、怎么断，不太清楚，现在基本见不到用龟板占卜的了。

2. 文王占卜与霸王之辅

《史记·齐太公世家》里面有两个占卜的故事。所谓齐太公就是姜太公姜子牙。姜姓，吕氏，名尚，字子牙，商末周初政治家、军事家、韬略家，他辅佐周文王、周武王打天下，后被封于齐国。《齐太公世家》讲的就是齐国历代君王的事迹。这本书记载：“吕尚盖尝穷困，年老矣，以渔钓奸周西伯。西伯将出猎，卜之，曰：所获非龙非螭，非虎非罴，所获霸王之辅。”姜子牙早年很贫困，不仅是早年，到了晚年也很贫困，活到八十岁想明白了，要“学成文武艺，货与帝王家”。他经过反复观察，觉得周这个小诸侯国还不错。当时“周”只有方圆百里，基本上就是我们现在一个县的面积。周文王姬昌这个人有德有才，是个“潜力股”，跟着他有发展空间。但是古代知识分子又比较要面子，因为古人讲“礼闻来学，不闻往教”，虽然从地位上说你是君王我是臣子，但从学问上我是老师你是学生，我不能觍着脸去找你，一定是你来请我。姜子牙就到了周的境内，在渭水河边钓鱼，等着文王来拜访他，就是一个守株待兔。有一天文王准备去打猎，打猎之前就算了一卦，“文王拘而演易”是后来的事情，当时还没演，但占卜的方法一直在流传，占卜的结果是“所获非龙非螭，非虎非罴，所获霸王之辅”。这次打猎的收获既不是龙，也不是螭（螭是一种没有角的龙，其形象在中国古建筑中多用于排水口的装饰，称为螭首散水），不是虎也不是熊，这次打猎能获得一个成就霸业的人才。文王一算到这卦就很谨慎，斋戒沐浴，驾了马车，在渭水河边果真看到了一个白胡子老头在钓鱼。

《太公兵法》（也称《六韬》）的开篇也记载了这个故事，内容更为生动详细。文王打猎之前，由太史编进行占卜，就说在渭水河的北岸，会得到人才，“天遣汝师，以之佐昌，施及三王”，这是上天赐给您的老师，辅佐您的事业，并将泽被子孙后代。史编还说他的远祖史畴曾为大禹占卜，征兆与今天的相似，结果大禹得到皋陶。文王于是斋戒三天，然后到渭水北岸打猎，见到了太公正在岸边钓鱼。

有人说，占卜算到了“霸王之辅”，到河边又看到钓鱼老头，那就把他请回去。但文王没这么鲁莽，文王知道，占卜只是给自己的决策做一些参考，起决定作用的还是自己理性的判断，不能盲信，所以他要考察这个老头。根据《六韬》记载，姜子牙与文王仔细讨论了几个问题。姜子牙用钓鱼为喻，探讨了用人之道。他说：“用高官厚禄收买人才，用重金收买死士，就如同用鱼饵钓鱼。钓丝微细，鱼饵小，小鱼就会上钩；钓丝适中，鱼饵稍多一点，中等大小的鱼就会上钩；钓丝粗长，鱼饵丰盛，大鱼就会上钩。用香饵钓鱼，鱼便可供烹食；用爵禄吸引，人才就能尽为所用。鱼钩、鱼饵和鱼的关系就是名利和才华的关系，如果国家体系能够做到名利与才华搭配，有多少本事吃多少饭，国家治理就会上轨道。”这个原则看似很简单，但做起来很不容易。姜子牙随意地用钓鱼的例子把治国理政的一个关键问题讲清楚了。

在探讨了吸引人才的方法之后，姜子牙又指出了收揽人心、天下归心的办法。“天下非一人之天下，乃天下之天下也。同天下之利者，则得天下；擅天下之利者，则失天下。天有时，地有财，能与人共之者，仁也。仁之所在，天下归之。免人之死，解人之难，救人之患，济人之急者，德也。德之所在，天下归之。与人同忧、同乐、同好、同恶者，义也；义之所在，天下赴之。凡人恶死而乐生，好德而归利，能生利者，道也。道之所在，天下归之。”天下不是一个人的，而是天下人所共有。能同天下人共享利益的，就可以取得天下；独占天下利益的，就会失天下。天有四时，地有财富，能和人民共享的就是仁爱。仁爱所在，天下之人就会归附。免人之死、解人之难、救人之患、济人之急，就是德政，天下之人就会归附。能与人民同忧乐、同好恶，能为天下人谋利益，就是道，有道者必有天下。姜子牙讲到了民心与天下的关系，文王听了非常高兴，把姜子牙请上猎车，一起回到国都，并拜他为师。

回到占卜这个问题，表面上看，文王通过占卜找到了姜子牙。但算卦只是一个引子，真正起关键作用的是文王在与姜子牙交流讨论中，通过理智的判断得出其是人才的结论。古代农耕社会，信息不发达，未知世界太多，做决策所需要的信息不够，占卜等活动是难免的。但那只是君子决策中的一个参考而已，起决定作用的还是理性判断。

3. 武王占卜与兴周灭商

《史记·齐太公世家》还有一段关于占卜的记载："纣杀王子比干，囚箕子。武王将伐纣，卜，龟兆不吉，风雨暴至。群公尽惧，唯太公强之，劝武王，武王于是遂行。"《十一家注孙子》的注文中也有类似的记载："周武王伐纣，师次于汜水共头山，风雨疾雷，鼓旗毁折，王之骖乘，惶惧欲死。太公曰：'夫用兵者，顺天道未必吉，逆之未必凶。若失人事，则三军败亡。且天道鬼神，视之不见，听之不闻，故智者不法，愚者拘之。若乃好贤而任能，举事而得时，此则不看时日而事利，不假卜筮而事吉，不待祷祠而福从。'遂命驱之前进。周公曰：'今时逆太岁，龟灼言凶，卜筮不吉，星凶为灾，请还师。'太公怒曰：'今纣剖比干，囚箕子，以飞廉为政，伐之有何不可？枯草朽骨，安可知乎！'乃焚龟折蓍，率众先涉，武王从之，遂灭纣。"相关文献还见于《太平御览》等书籍。

综合这两段记录来看，文王去世以后，姜子牙继续辅佐周武王姬发。这时候的周已经是兵强马壮，三分天下有其二，很多诸侯势力顺服于周。而商纣王则是民心丧失殆尽，杀了王子比干，囚禁了箕子这些贤人。姜子牙与周武王看到时机成熟了，就要讨伐商纣王，夺取天下。讨伐之前用龟壳算了一卦，“龟兆不吉，风雨暴至”，龟壳占卜结果不吉祥，刚算完之后又刮风又下雨，军旗折断，武王的坐骑惊惶不已，一系列不吉祥的征兆出现了。古代打仗很大程度上要依赖于天气，古代又没有柏油路，一下雨就泥泞不堪，车也不好动，人也不好走，怎么打仗呢？以周公姬旦为代表的群臣都害怕了，认为伐纣的时机不对，逆太岁，星象也不好，龟卜、占筮的结果都不好，这个仗不能打。而姜子牙认为，打仗的关键不是天象、算卦，而是民心、德行、智慧、管理与实力的较量。另一本兵书《尉缭子》也说：“夫举贤用能者，不时日而利；明法审令者，不卜筮而吉；贵功养劳者，不祷祠而福。”占筮用的枯草、卜卦用的烂龟板，怎么能决定军国大事？姜子牙为了展现决心，烧掉了占卜神器龟壳，折断了蓍草，在大雨之中率先冲出去，周武王也就紧跟其后，大军就过去了，很快就灭了商纣王，周朝的八百年天下由此开端。

据《左传·桓公十一年》记载，楚国的斗廉提出：“卜以决疑，不疑何卜？”《左传·庄公三十二年》中记载，虢国的史嚣也说：“国将兴，听于民；国将亡，听于神。神，聪明正直而壹者也，依人而行。”统治者若以民之是非为是非，国家就会兴盛；反之，统治者若一味听信于鬼神，国家就会衰亡。占卜是理智想不清楚、判断不出来、无可奈何时的参考手段，能用理智想清楚的问题，何必依据卜筮呢？如果周武王和姜子牙迷信了当时占卜算卦的结果，那么中国历史可能就改写了，夏商之后就没有周了。我们讲这个故事的目的是什么呢？就是说即便在商周之际，古人对于占卜的理解、认识也没有那么神秘，也有很多结果经不起事实的检验。对这个问题要有理性的态度。占卜作为一个文化现象，在古代有其存在、发展的客观环境，也有一定的道理，但并不严密，其结果可用可不用，关键还是人的理智与判断力。

4.《尚书·洪范》中的决疑方法

《尚书·洪范》中记载："汝则有大疑，谋及乃心，谋及卿士，谋及庶人，谋及卜筮。汝则从，龟从，筮从，卿士从，庶民从，是之谓大同。身其康强，子孙其逢吉。汝则从，龟从，筮从，卿士逆，庶民逆，吉。卿士从，龟从，筮从，汝则逆，庶民逆，吉。庶民从，龟从，筮从，汝则逆，卿士逆，吉。汝则从，龟从，筮逆，卿士逆，庶民逆，作内吉，作外凶。龟筮共逆于人，用静吉，用作凶。"君王有重大的疑问，就要从五个方面来决疑。第一个君王自己要反复权衡思索。第二个找卿士、各级官员问一问，这个问题该怎么办。第三谋及庶人，找老百姓、人民群众征求一下意见。第四是找人用龟壳算卦。第五是用蓍草占筮，用五十根蓍草算一下，看看什么结果。这五要素里面没有哪一种可以起到完全决定的作用。君王是代表王权的，卿士是代表管理层的，庶人是代表普通百姓的意见，卜和筮是代表神权的，这五者要综合考虑，《史记·龟策列传》指出："君子谓夫轻卜筮、无神明者，悖；背人道信祯祥者，鬼神不得其正。故《书》建'稽疑'，五谋而卜、筮居其二，五占从其多，明有而不专之道也。"古代的仁人君子既重视卜筮的力量与神明的启迪，也重视自己的智慧与德行培养。《尚书》所说的君王、卿士、庶人、卜、筮五种意见不一致时，理性的力量、神秘的力量都重要，但不能一方面说了算，要共同参与、集思广益再得出结论。

5. 孔子对于卜筮的态度

《史记》中说，“夫子晚而喜易，读易韦编三绝”，马王堆帛书《要篇》云：“夫子老而好《易》，居则在席，行则在橐。”子贡怀疑这与孔子一贯轻视求神问卜的观点相矛盾，孔子回答：“予非安其用也。”子贡又问：“夫子亦信其筮乎？”孔子回答说：“吾百占而七十当，唯周梁山之占也，亦必从其多者而已矣。……易，我后其祝卜矣。我观其德义耳也。幽赞而达乎数，明数而达乎德，又仁〔守〕者而义行之耳。赞而不达于数，则其为之巫；数而不达于德，则其为之史。史巫之筮，乡之而未也，好之而非也。后世之士疑丘者，或以易乎？吾求其德而已，吾与史巫同途而殊归者也。君子德行焉求福，故祭祀而寡也；仁义焉求吉，故卜筮而希也。祝巫卜筮其后乎。”也就是说，孔子认为卜筮有其道理，但他强调用德行求福、仁义求吉，他研究《周易》所追求的是“德”，与卜筮之术士同途殊归。《论语》里记载孔子在讨论恒卦九三爻辞的时候，得出“易，不占而已”的结论。《荀子》也讲“善于易者不占”，真正明白《周易》道理的不用算卦，按照这些天地之间最根本的规律去行事，“积善之家必有余庆，积不善之家必有余殃”，这是很自然的事情，这本来就是天道的规律，把握这个规律，占卜就不那么重要了。

二、大衍筮法

虽然说占卜不那么重要，但毕竟是《周易》当中蕴含的一个内容。秦始皇“焚书坑儒”，儒家典籍被焚烧，但是《易经》被认为是卜筮之书，得以保留。前面说过，卜法现在不流行了，筮法的起源很早，主要用蓍草进行数学计算来得出卦象。《周易·系辞》则对大衍筮法有记载：“大衍之数五十，其用四十有九，分而为二以象两，挂一以象三，揲之以四以象四时，归奇于扐以象闰，五岁再闰，故再扐而后挂。……是故四营而成易，十有八变而成卦，八卦而小成，引而伸之，触类而长之，天下之能事毕矣。”据此整理占筮法，模拟了太极、两仪、三才、四时、闰月等等天文历法以及天地衍生万物的过程，表明筮法是一种“天人感通”的过程。朱熹在《易学启蒙》一书中，又依据这段话对筮法进行详细解释。与朱熹同时代的易学家郭雍和朱熹有关于筮法的辩论，相关内容在《晦庵集》中有保存。

1. 蓍草

汉代扬雄《太玄》中的筮法是用三十根蓍草，现在流传的根据《周易·系辞》以及朱熹《易学启蒙》所列的大衍筮法是用五十根蓍草，这也说明古代筮法有多种。《周礼》上说《易》有三种，筮法有九种，九是约数，就是很多的意思。

蓍草从中医上说有清热解毒的功效，《本草纲目》引用《易传》“蓍之德，圆而神”来说明蓍是“神草”。《博物志》记载“蓍千岁而三百茎，其本已老，故知吉凶”，《史记》说“龟千岁乃游于莲叶之上，蓍百茎而共一根，所生之处，兽无虎狼，虫无毒螫”，这都是来说明为什么选择蓍草作为算卦的工具。晒干的蓍草，每根截成一尺长左右，外形与蒿草、艾草条类似。如果你找不到蓍草，占时用筷子、牙签、艾条等代替练习，也是可以的。

2. 筮法

朱熹在《易学启蒙》中整理的“筮仪”很严谨，有点复杂。计算结果也有“过揲”与“挂扐”的区别，朱熹持“挂扐法”，而郭雍主“过揲法”，二人进行过往复辩论。现在删繁就简，结合两种方法给大家做个简单介绍。

朱熹曾要求在筮法的开始要念一段祈祷词，“假尔泰筮有常，假尔泰筮有常。某官姓名，今以某事云云，未知可否，爰质所疑，于神于灵。吉凶得失，悔吝忧虞，惟尔有神，尚明告之”，还要焚香，如此等等。这些就免了，我们只是了解古代的一个文化现象。但占卜之前要有个疑问，要把问题明确了。还有就是“易为君子谋”，这个问题的立义不能是负面的、不道德的。

下面就先准备一个记录算卦结果的表格。

	一易余数	二易余数	三易余数	正策数	9、8、7、6	本卦	变卦
上爻							
五爻							
四爻							
三爻							
二爻							
初爻							

一卦总共有六爻，从最下面的一爻开始算，每一爻算三轮，共计六爻，“十有八变而成卦”。预备步骤是“大衍之数五十，其

用四十有九”，五十根蓍草首先取出一根，放回盒子里面，代表太极，不参与演算的过程。

第一步是“分而为二以象两”。把剩下的四十九根，随意一分为二。这一步最关键，就像盘古开天地一样，左边代表天，右边代表地。

第二步是“挂一以象三”。从右手蓍草中取一根，置于左手小指间；从右边拿出一根，代表人。到此天地人三才都具备了。

第三步是“揲之以四以象四时”。有天地人三才了，下面当然就是要四季运行，这样人才能获得天地万物的滋养。具体到筮法，就是以四根为一组，先用右手分数左手中的蓍草，再用左手分数右手中的蓍草，一组一组地数完，看看最后一组草是几根。

第四步是“归奇于扐以象闰”。对于余数的处理，就象征着历法中的闰月。两手中的蓍草余数是有规律的：左余三，则右余一；左余二，则右余二；左余一，则右余三；左余四，则右余四。把左手所余蓍草置于左手中指与无名指间，右手所余蓍草置于左手食指与中指间。这样，左手所有指缝间的蓍草余数有几种可能：1+2+2=5，1+3+1=5，1+4+4=9。最后的结果非 5 即 9，出现 5 的概率为 3/4，出现 9 的概率为 1/4，去除余数后的蓍草数必为 44 或 40。这是蓍草演易的第一变。这就是“四营成易”，将这一次算出的 5 或者 9 填写到最下方左边“初爻一易余数”那格里面。

而后“再扐而后挂”。将上一次剩下的 44 根或者 40 根蓍草，按照前面的四个步骤再算一轮，得出的蓍草余数有几种可能：1+2+1=4，1+3+4=8。最后的结果非 4 即 8，两者出现的概率各为 1/2，去除余数后的蓍草数必为 40、36 或 32。这是蓍草演易的第二变。将这一次算出的 4 或 8 填写到最下面一行的“初爻二易余数”

里面。

然后还有第三轮。将上一次剩下的 40、36 或 32 根蓍草，按照前面的四个步骤再算一轮，得出的蓍草余数也还是 4 或者 8，出现概率各为 1/2，去除余数后的蓍草数必为 36、32、28、24。这是蓍草演易的第三变。将这一次算出的 4 或 8 填写到最下面一行的“初爻三易余数”里面。

然后将计算出来的 36、32、28 或 24 填入最下面一行的第四格“正策数”那一栏。运用“过揲法”，将这四个数字除以 4，就会得出 9、8、7、6 这四个数字，填写到第一行的第 5 格。然后按照下面表格的内容，将阴阳爻的符号对应记录到初爻的最后两格。

	阴阳老少	本卦	变卦
9	老阳	⚊	⚋
8	少阴	⚋	⚋
7	少阳	⚊	⚊
6	老阴	⚋	⚊

到此，初爻计算就完成了。下面再将四十九根蓍草汇合，重复前面的步骤，算出第二爻，如此循环往复，直到六个爻全部算完。九、七为阳，六、八为阴，以此记录的结果为本卦。其中九为老阳，七为少阳，六为老阴，八为少阴。老阴、老阳所在的爻位，称为“变爻”或者“动爻”，下一步有变成相反的爻的趋势，动爻转换以后的卦叫作变卦或者之卦。例如占筮结果为由下而上分别为八、八、七、九、六、七，其本卦就是“旅”䷷，变卦就是“渐”䷴。在占卜中，可能一个动爻都没有，也可能一个、两个乃至六个全是动爻，可以说是千变万化。总共可以有 64^2=4096 种可能性。

3. 断卦依据

朱熹在《易学启蒙》里面利用《周易》这本书的卦爻辞以及彖辞来解卦，提出了一些原则。一爻变以本卦变爻辞占。二爻变以本卦二变爻辞占，以上爻为主。三爻变占本卦以及之卦的彖辞，以本卦为贞，之卦为悔。一卦若三爻齐变，称为贞悔相争，以本卦与变卦卦辞断，本卦为贞（体），变卦为悔（用）。四爻变以之卦不变爻占，以下爻为主。五爻变以之卦不变爻占。六爻变，乾坤占二用（用六、用九），余卦占变卦的彖辞。六爻不变，以本卦彖辞为占，内卦为贞，外卦为悔。这是朱熹的讲法，历史上也有许多不同的意见，王船山就另有高见。有兴趣的读者可以自己去了解。

如果不采用《周易》原书，可以用汉代焦赣写的《焦氏易林》。这本书由 4096 首诗歌组成，六十四卦每卦变余六十三卦，加上本卦不变，共计 4096 种变化，每一结果附一首诗歌，以此品读其中蕴含的吉凶悔吝意象。初学者用它来看结果，相对容易，用《周易》卦爻辞就没这么容易。如果再用纳甲筮法、梅花易数这些算法，就需要更深的易学知识。当然，严格来讲，《焦氏易林》也要结合二十四节气，找出值日卦，再以值日卦为本卦，用其他方法卜得一个卦为变卦，再找《易林》的诗歌，对应分析。本书的主旨不在于教算卦技艺，就不展开了。

4. 占易和学易

王夫之认为大衍筮法是最好的占卦方法。其他卜问吉凶的数术，如钱卜、龟卜所依靠的预兆，都是靠神秘力量的安排，随机得出卦象，不能体现天人合一的三才之道，“有鬼谋而无人谋”。“六壬”与“奇门遁甲”一类的数术，靠数的推算，没有随机的偶然性，吉凶祸福皆已前定，不能戒人寡过向善，所以说“有人谋而无鬼谋”。二者都是只知吉凶祸福，而不能帮助君子“为善去恶”。在王夫之看来，大衍筮法一方面靠人的智慧推论来事，另一方面又要承认偶然性，即对吉凶后果不存侥幸或尤怨心理。《系辞》云：“天地设位，圣人与能，人谋鬼谋，百姓与能。”王夫之《周易内传·系辞下》中解释说：“大衍五十而用四十有九。分二，挂一，归奇，过揲，审七八九六之变，以求肖乎理，人谋也。分而为二，多寡成于无心，不测之神，鬼谋也，人尽其理，鬼妙其变，所以百姓苟以义问，无不可与其能。事无艰深诘曲之难知，而大行于天下矣。”这一过程，既有“分二”的随机过程，也有后面模仿天地历法的逻辑推算，人尽其理，鬼妙其变，必然与偶然结合得很好，所以大衍筮法才是最好的方法。

王夫之还指出《周易》占易和学易两方面并行不悖，“占易、学易，圣人之用易，二道并行，不可偏废也”（《周易内传·发例》）。他以知天命和尽人事来区别占与学，所谓知天命是占筮，尽人事是学易，把知天命纳入尽人事之中。首先应尽人事以合天德，这表明《周易》的核心是讲君子之道、人生修养。但天道变化和人事变迁至为精细，人生际遇仅凭通晓大道理尚难测定。作易圣人恐其疏忽，要以占易来详查阴阳变易的复杂情况，谨慎从事。圣人德高，本不以吉凶为患，但总是忧虑所行有不当之处，所以占筮以决其疑而免其患，即虽遇凶险困境，也不动摇自己的信念。君子占筮不是关心个人的吉凶祸福，而是慎于得失之义理，使自己的行为“一依于理”。王夫之讲，即使遇到死亡之类的凶事，只要符合天理，亦无所畏惧，像伯夷、叔齐那样，为正义而死，便是“无不利”。

第三讲 乾卦解说

《周易》的首卦是“乾”䷀，六个阳爻，由两个八卦的“乾”相重而成。按照《周易程氏传》的讲法，乾即是道，如果强调其形体就说是“天”，强调其主宰的地位就说是“帝”，强调其功用就说是“鬼神”，强调其妙用就说是“神”，强调其健动不息的性情就说是“乾”。

一、《卦辞》《彖辞》《象辞》释义

1.《卦辞》

乾：元，亨，利，贞。

《程传》注云：“元、亨、利、贞谓之四德。元者万物之始，亨者万物之长，利者万物之遂，贞者万物之成。”元、亨、利、贞称为君子四德。元是万物生长的开始，亨是万物生长的继续，利是万物生长的顺遂，贞是万物生长的完成。这实际上是按照天道四季运行的规律来解释的。乾代表天，天在健动不息的运行之中形成了一年四季，春天、夏天、秋天、冬天，此四季就是“天”的四种形态。与此相应，地上的植物就有春生、夏长、秋收、冬成（藏）的特性。元代表春天之德，是万物之始、元气勃发的时期；亨代表着夏天之德，是万物顺利成长的时期；利代表秋天之德，是万物之遂、果实成熟的时期；贞是冬天之德，是万物之成、储藏储备的时期，等待来年再次萌发成长。正是因为天具备此四德，大地映照、显现了此四德，所以天地可以让万物生生不息。有学者把“元亨利贞”解释成“大亨利占”，吉林大学《周易》专家金景芳先生认为，这个解释从《周易》全书上来看，是说不通的。他说：“古人把元亨利贞讲为春夏秋冬，挺好。……元就是开始，亨就是发展，利就是成熟，贞就是收藏。然后贞下又起元。”由此可见，《周易》的经文部分也是用格物、致知的方法，探究天体运行形成四季、万物生长收藏的基本规律，得出四季“元、亨、利、贞”的基本特征。

乾代表天，乾卦的卦辞应该要阐释天道的基本精神。在传统农业社会，古人对于自然之天的道、规律的理解有三个层面：每天太阳从东边升起西边落下，这是一天的规律；月亮由缺到圆、由圆到缺，这是一个月的规律；四季运行、春夏秋冬，细分还有二十四节令之说，这是每一年的规律。从这三者来看，年的规律是最根本的，年复一年、日复一日，天的规律就是这样转，这就是最直观的“天道”。读古籍要设身处地地去想古人的生活环境以及其对于自然界的认识水平，不要按照现代科学所阐述的地球自转、公转等规律来理解。“推天道以明人事”，就是以古人对自然规律的认识水平为基础，将自然规律引申到人文精神上面，通过探究天地万物的规律来启迪君子做人做事的基本原则。

那么我们讲“元亨利贞”源于“春夏秋冬”四季运行、生长万物的规律，这些对君子立身行事有什么启发意义呢？首先回到自然界来看“元、亨”。春天元气勃发，给人最直观的印象就是春天竹笋冒尖时，有的时候早上看竹子刚冒一个尖，到晚上去看竹子已经长到膝盖了，一天长一尺，长得非常快，这是元气勃发时期的生动景象。但天生万物的时候，它不可能让这种元气勃发的景象保持很久。如果竹子永远按照这个速度长，一天长一尺，三天长一米，一个月长十米，一年长一百二十米，这样子硬度不够，自己支撑不了，随便刮风就垮了。天生万物的时候总是快增长和慢增长搭配起来，“元”和“亨”搭配，春天长得比较快，逐渐过渡到夏天就越长越慢，长得慢的同时会越长越坚固，然后所产生的成果才是可持续的。过度强调速度一定是非常危险的，大到一个国、小到一个企业、一个家、一个人的发展都是这样。

由春到夏，万物元、亨搭配，健康成长。秋天讲收获而产生的“利”，但《周易》讲“利”不仅仅讲收获，更关注利益如何分配。《乾卦·文言》中说“乾始能以美利利天下，不言所利”，天地是瓜果草木、鸟兽虫鱼等“利”的生产者，老天爷一年三百六十五天，每天精准发布指令，大地执行也很忠诚，万物生生不息，但天地不占有任何的私利，“利天下，而不自利”，就是“利”的一个主要内涵和原则。秋天之后进入冬天，就是贞、贞固，代表万物之遂，有储藏、储备的含义，秋天的果实在冬天储藏起来。《周易》主要是黄河流域的文明成果，伏羲、文王、孔子都生活在黄河流域，那里四季分明，冬天天寒地冻。天地自然形成一个“大冰箱”，把秋天收获的果实给储藏起来。一部分果实供生灵们慢慢享用，还有一部分作为种子，为来年的元气勃发做准备，这就是“贞下起元”。天地之间就靠这四个要素的运行，实现了它可持续的发展，这是“元亨利贞”基本的含义。

对天地运行、春夏秋冬、元亨利贞这些自然规律的解析，对人类社会的管理运行、对君子进德修业有什么启示呢？天道与人事如何产生联系呢？姜子牙从垂钓可以领会用人之道，《老子》讲“治大国若烹小鲜”，那么四时更替、生长万物的过程，当然也可以对治国之道有所启发。天生万物，首先要“元亨利贞”四要素协调，不能片面强调元气勃发的速度，要元亨搭配，快慢有序；其次，天地生养万物，但利天下而不自利，天道无私，因此才能有冬藏、贞固，才能有贞下起元的可持续发展。

从国家治理来看，过度强调速度，没有注重事物发展的协调和平衡，不符合天道“元亨利贞”四要素协调的规律，可能会带来意想不到的问题。古往今来的社会大变革，往往不是说经济没有活力、没有元气，而是因为经济发展太快了，元而不亨。经济有活力，但经济的发展加重了上下关系“不亨通”，原因在于元气勃发产生了新利润，但利益分配者缺乏利天下的德行，自利而不利天下，当然“贞”以及国家的储备也就不合理。一个经济体的元气勃发，如果没有上下关系的亨通、利益分配的公正、国家与民众储备的合理来保证，经济发展得越快，社会矛盾越多，所以孔子讲“不患寡而患不均”。

比如说晚清的中国，经济非常有活力。张之洞在 1889 年至 1907 年之间曾任湖广总督多年。他来上任，还是传统农业社会官员出行的方式——乘船坐轿等，辗转多日到达武昌；但 17 年之后，张之洞奉调京城，入军机处，他是坐着京汉铁路的火车，一路飞奔就到了北京。从这一点就可以看出晚清铁路交通等各种基础设施在飞快发展。晚清经过曾国藩、左宗棠、李鸿章、张之洞等人力推的洋务运动，武汉有汉阳兵工厂，南京有江南造船厂，当时中国甚至买了整个亚洲最先进的舰队，打造了南洋舰队、北洋舰队，武器都是最先进的，比日本甲午打败我们时的武器还要先进，中国的经济社会发展看来应该是很有起色的。但是伴随着经济的元气勃发，与这个经济相适应的国家治理结构还没有调整，没有上下关系的亨通、利益分配的公正、国家储备的合理——这三者是元气勃发的成果能够可持续发展的保证——这些关键要素当时没有。因为晚清国家治理体系落后，如果说经济没有发展、你穷我也穷，居上位者也没有多少权力滥用空间；一旦经济发展起来，那么必然是居上位者巧取豪夺，居下位者偷鸡摸狗，这就是孟子讲的“上下交争利”，就是“利”分配不公正，向前就会影响上下关系的“亨通”，向后影响到“贞”，国家储备不合理。经济过快的发展而没有后续利益分配制度的改革，没有理顺国家上下关系，没有国家储备的支撑，没有国家治理体系、治理能力的提升，发展得越快，乱局来得就越快。所以，晚清是在轰轰烈烈的经济发展、洋务运动中走向了灭亡。这就是“推天道以明人事”，通过乾卦的“元亨利贞”四要素去分析国家管理、社会治理。过度强调经济指标，而没有经济社会的均衡和谐，就会出问题。

1927 年到 1937 年，当时中国上海、江浙等地的工业体系迅速发展，经济有活力，元气勃发之“元”这个要素在一定程度上具备了；1936 年张学良发动了西安事变，国共和谈，国家内部的战争暂时缓和，也有了“亨”的迹象。和平局面如果能延续几年，利益分配再相对公正一些，中国的国家储备就会相对丰富，那么“利、贞”两要素也具备了，国力上很快就能赶超日本。日本人也看到了这个问题——如果中国发展有活力，内战也暂停了，上下相对亨通，利益分配相对公正，国家储备上来了，走向“元亨利贞”四要素协调的可持续发展路径，那么其控制中国的打算就要落空。所以日本急于发动战争，一方面在北方发动卢沟桥事变，一方面从上海等海上进攻，南北夹击，打乱了中国的发展步骤。

改革开放以后，人民群众的创造力、积极性得以释放。中国经济迎来了数十年的高增长，“元气勃发”，但在经济发展到一定阶段以后，就会出现如何保证利益分配公正，上下关系亨通，国家、企业、民众储备合理的问题。党的十八大之后，中国经济从高速发展转向高质量发展，由过度强调元气勃发转向经济社会均衡发展，这里面的重点就是解决利益分配问题。铁腕反腐是堵住了不当得利者，精准扶贫、全面建成小康社会是让改革开放的成果由全民共享，极大地提高了利益分配的公正性，上合天道、下应民心。国家、民众的储备相对就充足合理了，基本实现了“元亨利贞”四要素的协调，构建出可持续发展的稳固形态。这些年虽然有很多考验，比如中美竞争、大国博弈、境内外勾结的分裂势力作怪等等，但国家都可以从容应对，没有出现大的波动，社会稳定、民心稳定。

由此可见，如果没有上下关系的和谐亨通、利益分配的公正有序、资产储备的科学合理，仅仅强调发展速度，很容易出问题。发展得快，并不代表发展得好，关键是要“元亨利贞”四德协调，才能行稳致远，这样才是长远发展之道。

2.《彖辞》

> 《彖》曰：大哉乾元！万物资始乃统天。云行雨施，品物流形。大明终始，六位时成，时乘六龙以御天。乾道变化，各正性命，保合太和，乃利贞。首出庶物，万国咸宁。

彖者断也，《彖辞》是通说一卦的内涵。《彖辞》开始讲“大哉乾元！万物资始乃统天”。程颐指出，赞叹乾元，则兼包元、亨、利、贞这四者。这一句把“坤卦”的《彖辞》结合起来读，就容易懂了。“至哉坤元！万物资生，乃顺承天。”一个讲“资始”，一个讲“资生”，讲坤要顺承于乾，地要顺承于天。这其实还是一个对自然界的“格物”过程，万物生长，必须依靠天和地配合、春夏秋冬四季运行，天道按照规律给予草木万物开始生长的指令。比如天道运转，发出了立春、春分、惊蛰等节令，大地感受到了上天阳光、温度、雨水的变化，接受了上天始发的节令，就开始提供万物生长所需要的各种养分，草木万物就开始元气勃发、茁壮成长。所以“乾”为“始”万物、“坤”为“生”万物。比类到动物与人类的生育过程，雄性生物给予起始的力量，而雌性生物则是承载生命的孕育过程，是“资生”、提供新生命生长的环境。

“云行雨施，品物流形。”前四个字是讲天道的运行现象，以云、雨代表阳光、雨露、冷暖变化一切在天的运行规律；而后四个字则表示地上草木万物因此得以生长、成形，这就是“亨通”之意。天道运行，大地配合，生长化育了万物。

“大明终始，六位时成，时乘六龙以御天。”如果非常明白天道运行的始终规律，就会知道一卦及六爻都是顺应时运而成的。乘着这六爻所代表的天地根本规律、时运，就是顺应天运；“以御天”，就是人道、地道都要顺应天道。

“乾道变化，各正性命。”天所赋予的称为“命”，物所受纳的称为“性”。乾道之变化，生长化育万物，不论大小高下，都根据其类别来规正其性与命。

“保合太和，乃利贞。”“保”是说恒常存养，“和”是说恒常中和，“保合太和”代表是“利、贞”二德。天地之道之所以能恒常而不停息，就是因为“保合太和”，如同四季变化，有秋天、冬天的收获与储藏，才能拥有孕育新生的种子，才有来年春天新一轮的春元勃发、亨通成长，才会贞下起元，年复一年地持续运行。

“首出庶物，万国咸宁。”君王与领导者如果在格物致知上下功夫，能体会天地之间年复一年可持续生长万物的原理，那么天下万国都会安宁。

3.《大象辞》

乾卦的《大象辞》讲“天行健，君子以自强不息”，从另一个角度来激励一个人该如何去进德修业。每天看到太阳东边升起、西边落下，斗转星移，一刻也不停息，那么君子要效仿天道，自强不息，超越自我。比之于卦辞、彖辞，这是又换一个角度来激发君子完善人格。

二、爻辞释义

一卦六爻，爻位是从下往上数。从大衍筮法推算来说，九为老阳、六为老阴，所以阳爻称九，阴爻称六，乾卦六爻皆阳，第一爻是初九爻，第二位就是九二，第三位是九三，第四位是九四，第五位是九五，第六位是上九。

《乾卦》六爻的爻辞为："初九：潜龙勿用。九二：见龙在田，利见大人。九三：君子终日乾乾，夕惕若，厉，无咎。九四：或跃在渊，无咎。九五：飞龙在天，利见大人。上九：亢龙有悔。"最后还有"用九：见群龙无首，吉"。六爻及用九的《象辞》分别是"初九：潜龙勿用，阳在下也。九二：见龙在田，德施普也。九三：终日乾乾，反复道也。九四：或跃在渊，进无咎也。九五：飞龙在天，大人造也。上九：亢龙有悔，盈不可久也。用九：天德不可为首"。这些爻辞，很多人一听就很熟悉了。金庸小说里的"降龙十八掌"招式就是用这几个名词，最厉害一招叫作"亢龙有悔"。但爻辞里边没什么武侠小说里的武林绝学，它讲的是一个君子一生成长可能要经历的一些步骤，人如何逐渐走向成功，而避免成功之后的一些问题。《程传》指出："乾以龙为象。龙之为物，灵变不测，故以象乾道变化，阳气消息，圣人进退。"乾卦六爻以龙作为其象征。龙灵动变化而且难以测度，所以用来象征乾道的变化，阳气的消长，以及圣人的进取与退藏。

1.潜龙勿用

初九爻，"潜龙勿用"。初九爻在乾卦的最下面，表示事物的开端，阳气刚刚开始萌动。圣贤之人像龙潜伏隐藏一样，韬光养晦以待时运。程颐认为，"潜龙勿用"相当于舜"侧微"之时。《尚书》云："虞舜侧微，尧闻之聪明，将使嗣位，历试诸难。"孔颖达说："不在朝廷谓之侧，其人贫贱谓之微。""侧微"就是还没有发达的贫贱之时。舜虽然是帝颛顼的后裔，但五世为庶人，父亲瞽叟，生母早逝。瞽叟续娶，继母生弟名叫象。舜生活在“父顽、母嚚、象傲”的家庭环境里，然而他对父母孝顺，与弟友善，以德报怨，“欲杀，不可得；即求，尝在侧”，这一时期就是“潜龙勿用”的时期。但芸芸众生之中，“侧微”之人多如牛毛，为何只有舜等极少数的人能够走向事业的巅峰，造福于社会呢？这是因为舜在“潜龙”时期就拥有了很多优秀的品德，并在各种逆境之中不断磨炼，纯化品德，增长才干，只有这样的人才配得起“潜龙”这个称谓。

每个人都有潜伏期，不可能生下来就英明神武。有的人就问了：少年时代大家都在潜伏，那为什么过了几十年，有人已经飞龙在天了，我还在潜伏呢？有可能是你这个人潜伏期太长，比如说姜子牙潜伏了七八十年，你的时间还没到；还有种可能性，即潜伏者不具备龙的素质，虽然也是在潜伏，但不是潜伏的龙，可能是潜伏的马、潜伏的牛，潜伏一千年那也飞不起来。

古人讲“人君看气宇，人臣看才学”，乾卦是讲君王之道，是讲领袖之道，是讲管理者、核心决策者的思想，作为一个潜在的决策者、一个效仿天道利益大家的人，首先就要心胸广大。大家读《史记·高祖本纪》，司马迁用了很大的篇幅分析了刘邦在潜伏期的性格特点，通过这种伏笔来论证刘邦将来肯定可以成就事业。刘邦在四十八岁之前最高职务就是江苏沛县的一个亭长，管方圆十里的治安，相当于一个村干部，但这么一个人物后来却成了大汉的开国皇帝。为什么呢？《高祖本纪》里面讲，刘邦有很多小毛病，比如不事生产，经常带着朋友胡吃海喝。喝酒没钱，就到酒馆去赊酒喝，但一到年底酒馆老板就跟刘邦说明年欢迎你再来喝，今年的酒钱就免了。因为刘邦是天生的中心人物，豪爽大方、急公好义，能聚人气，附近的闲散人员都爱和刘邦在一起，刘邦可以给酒馆带来生意。这是成就事业的人的基本特点，即对群众有吸引力，有人格魅力。如果谁见你都烦，那么将来如何能够做成事呢？

其次刘邦举重若轻、心胸广大，别人看得很大的事情，他无所谓，作游戏观。有一次刘邦被派出公差，到了当时秦朝的首都陕西咸阳，看到了秦始皇外出的仪仗，威风八面，就感叹："大丈夫当如是也！"大丈夫应当像这样这么威风才好。《史记》里面还说项羽也曾经在楚国看到秦始皇出巡，项羽当时动了个念头，"吾将取而代之"，我要夺取你的地位。不知道司马迁怎么知道刘邦、项羽的自言自语，咱们姑且当真。刘邦的感叹中显示了一种恢宏大气，而项羽则是一种狭隘的霸气。正因为刘邦在"潜龙勿用"时期，有这些性格特点，所以在乱世之中横空出世。秦末陈胜吴广起义，天下大乱，沛县萧何他们要在乱世分一杯羹，拉了队伍准备起事，但拉完队伍之后，这些人都不敢当一把手，都怕承担责任，没有这么大的气量。当时刘邦不在沛县，已经斩白蛇、聚啸山林了，他们把刘邦找回来，主动把沛公这个位置送给刘邦。刘邦人生第一个体面的职位，并不是抢来的，而是因为他在潜伏期有人格魅力，别人送给他的。

概而言之，"潜龙勿用"时期，关键是要学习本领，具有德操雅量。刘劭在《人物志》中对于圣贤的品德有如下评述："夫精欲深微，质欲懿重，志欲弘大，心欲谦小。精微所以入神妙也，懿重所以崇德守也，志大所以堪物任也，心小所以慎咎悔也。……由此论之，心小志大者，圣贤之伦也；心大志大者，豪杰之俊也；

心大志小者，傲荡之类也；心小志小者，拘懦之人也。”该书以志向是否远大、心态是否谦小作为圣贤的标准，指出有修养的人，总是努力做到精神要深沉悠远，气质要美好凝重，志向要恢宏远大，心态要谦虚谨慎。只有精神幽微才能进入神妙的境界，修养美好才能尊崇道德和品操，志向远大才能担负重任，谦虚谨慎才会时时警惕。心态谦小、志向宏大的是圣贤一类的人；心态狂放、志向远大的属于豪杰一类的人；心态狂放、志向狭小的是放荡任性的狂徒；心态卑微、志向狭小的是怯懦无为之辈。一般人要通过“外王”的功业来看一个人是否具备圣贤的品格，但是有智慧的人可以在“侧微”之时就观察到此人是否具备“心小志大”的圣贤品质。如果具备，就可以算是“潜龙”之属；不具备这个条件的，或许只是“潜虫”，也就难有“见龙在田”的机会了。如果一个人具备“心小志大”这个基础，将来也就容易成就事业。

青年学生处于“潜龙勿用”的阶段，不仅仅要学习科学文化知识，还要注重陶冶自己的性情，不要每天沉醉在自我的小世界里，这样将来很难有成就；要开阔心胸，“为天地立心，为生民立命，为往圣继绝学，为万世开太平”，有这种心胸，才能在将来成就一番事业。

2. 见龙在田

九二爻，“见龙在田，利见大人”。巨龙出现在田里，利于拜见圣君大人。大人是有德之君，指的是九五爻。乾、坤这两卦是纯阳、纯阴之卦，所以就不像其他卦那样强调阳爻、阴爻的正应，此处九二爻与九五爻都是中爻，两者不以敌应来解，也算是相应吧。

程颐认为这一爻相当于舜在田渔的那一段时期。在那样的家庭环境之中，舜先后做过种田、打鱼等事情，与他共事的人都学会了礼让；他还认真照顾家庭，以孝行闻名四乡，众人乃至尧帝都听说了他的美名。这一阶段的人具备了德行、才华等基础，不可能永远隐藏，应拜见大德以成其功业。姜子牙潜伏了七八十年，修炼成熟了，就要出来拜见文王获得一个机会，这也是人生的第二步。对于普通人来说，当其学业有成，可以出去求职做事，也算是“见龙在田，利见大人”。

3. 终日乾乾

九三爻代表人生的第三步，“君子终日乾乾，夕惕若，厉，无咎”。君子整天勤奋不懈，直到夜间还是警惕如白日，以此精神做事情就会危而无害。程颐认为这相当于“舜之玄德升闻时也”，舜的品德被尧了解的时期。尧帝年老的时候要寻求接班人，四方部落首领推荐舜，说他是瞽瞍的儿子，父亲心术不正，母亲善于说谎，弟弟十分傲慢，但舜能与他们和睦相处，用自己的孝行美德感化他们。尧帝决定把两个女儿嫁给他，通过两个女儿考察他的德行。嫁女之后，尧要舜恭谨地处理政务。

作为一个社会底层的人，忽然得到帝王的垂爱，如果有任何的不谨慎，必然招来无数的嫉妒、非议乃至横祸，其危险也是可想而知的。所以此时不可骄傲自满，要日夜保持警惕之心，以谦卑之心努力工作。《易传》指出，“无咎者，善补过也”。如果可以在新的环境中不断学习，补救自己的过失，增长才干，那么就虽有危厉而无害了。

这一步进入具体工作阶段了，经常碰到问题，不断地解决问题，好像没什么突破、进步，但是积累了很多经验。周公是文王的儿子，周武王的弟弟，周成王的叔叔。武王去世得早，在伐纣之后的第二年去世了，传位给成王，成王年龄很小，就请周公辅政。周公在晚年有一个总结，周公的儿子叫伯禽，被封到了鲁国，姜子牙被封到齐国，齐鲁是挨着的。伯禽到鲁国去时，周公还在首都，他对他儿子说你要出去了，我有几句话要交代：我是文王之子、武王弟弟、成王叔叔，“吾于天下亦不贱矣”，我在天下不算贫贱（何止是不贫贱，这是最尊贵的），“然吾一沐三握发，一饭三吐哺”，洗澡刚下去洗，马上就有人过来敲门，说对国家提建议，澡洗完了再见客人是失礼的，于是我马上就把头发拧干，起来听别人的建议；嚼一口饭，别人要见面、要提建议，我赶紧把饭吐出来，把饭嚼完了再去见人都是失礼。这种文学性的描述，讲述了周公对待工作那种如履薄冰、兢兢业业、礼贤下士的精神，他时刻保持着一种警惕，没有傲慢之心。就这样还“犹恐失天下之士”，怕天下有本领的人的好建议没有被接纳，可能会出问题。这种心态是优秀的管理者应该具备的。如果管理者都能够时刻如履薄冰，时刻亲近人民，时刻想要了解基层有什么真实的情况、有什么要改进的地方，我们的事业就会发展得很好。这是第三步，当别人赏识他，给他工作机会之后，他有一种勤奋不懈、时刻如履薄冰的精神，时刻面对问题、化解危机的能力。

4. 或跃在渊

九四爻，“或跃在渊，无咎”。龙或者腾跃上进或者退处在渊，没有危害。《程传》说“舜之历试时也”。尧在决定把帝位禅让给舜之前，对舜进行了一系列的考验，这就是“历试”。《尚书》中说：

“慎徽五典，五典克从。纳于百揆，百揆时叙。宾于四门，四门穆穆。纳于大麓，烈风雷雨弗迷。”程颐认为这相当于舜接受尧帝的考验的时期。尧安排舜参与国家管理，管理百官，接待宾客。舜将各种事情处理得井井有条，起用了“八元、八恺”等贤人，惩治了浑敦、穷奇、梼杌、饕餮这“四凶族”。后来尧又把舜放到深山丛林之中，他也能在暴风雨之中不迷失方向。不管负责什么样的工作，舜都可以做得井井有条。这些都属于“或跃在渊”阶段的内容，这一阶段的关键在于任劳任怨、不骄不躁，只问耕耘不问收获，若有贪功之心就难以“无咎”了。

邓小平同志一生三起三落，也是一种“或跃在渊”的历练，这一过程比之于古人更为艰辛而漫长。他经历了顺境逆境的历练，才能在改革开放之后驾驭复杂局面，带领中国走向繁荣发展之路。《孟子》曰:“舜发于畎亩之中……故天将降大任于是人也，必先苦其心志，劳其筋骨，饿其体肤，空乏其身，行拂乱其所为，所以动心忍性，曾益其所不能。”这正是乾卦第四爻的精要之所在，要通过种种磨炼，来陶冶英雄的胸襟、圣贤的人格。

5. 飞龙在天

九五爻，“飞龙在天，利见大人”。巨龙高飞于天，相当于舜接受禅让管理天下的时期。经过多方考验，舜得到尧的认可，独立摄政。尧去世数年后，舜在民众的拥戴下正式即位。这一时期的舜开展了一系列改革。他重新修订历法，又举行祭祀上帝、天地四时、山川群神的大典，重新为诸侯颁发信圭，到各地巡视考察诸侯的政绩，确立中央官员职位、考核办法以及地方官员考核制度，明定赏罚，改革刑罚制度，治理水患，等等。舜在这一时期大展雄图，为天下做出了重要贡献。

《文言》对于乾卦九五爻提出了更高标准的阐释：“九五曰飞龙在天，利见大人，何谓也？子曰：同声相应，同气相求；水流湿，火就燥；云从龙，风从虎。圣人作，而万物睹，本乎天者亲上，本乎地者亲下，则各从其类也。”指出九五的大人就是达到天人合一境界的圣人，圣人通于天德，兴起之后万物都显明可见，“本乎天者亲上，本乎地者亲下”，都按照其自身的属性而归属到最佳位置。《文言》又云：“与天地合其德，与日月合其明，与四时合其序，与鬼神合其吉凶。先天而天弗违，后天而奉天时。天且弗违，而况于人乎？况于鬼神乎？”处在九五之位的大人，其德性与天地相合，其圣明与日月相合，其施政与四时顺序相合，其示人吉凶与鬼神一样神奇。先于天道行动而与天道不相违背，后于天道行动而顺奉天时。九五之圣人的关键就是按照天道而不是自己的臆断行事，而天道的根本规律就在于卦辞之中的“元亨利贞”四德。能具备此四德，就可以把握客观规律，无为而无不为，开创出全面、协调、可持续发展的良好局面。

但是对于九五爻“利见大人”这句话，很多人的理解是有歧义的。第二爻“见龙在田，利见大人”，“见”是“拜见”，刚刚出道要拜见圣君大人，这没问题。但到第五爻的天位，怎么还“利见”呢？有人说应该是“利现”，“见”通“现”，是通假字，利于出现伟大的君王。但《程传》认为还是“见”，九五的圣君要拜见九二有智慧的贤臣，“圣人既得天位，则利见在下大德之人，与共成天下之事”。大人君子已经凭借自己的圣人资质和时运取得了大位，但不能刚愎自用，应当求贤若渴，君臣同治天下。比如商王武丁即位之后求得傅说，文王求得姜子牙，齐桓公即位之后求得管仲，都是此类。刘邦当了皇帝之后也承认，战必胜、攻必取他不如韩信，运筹帷幄、决胜千里他不如张良，保证后勤、粮道不绝他不如萧何。但这些某一方面比他强的人却能为他所用，是他成功的关键。李世民被称为“千古一帝”，关键是他开门纳谏，虚心地听从魏徵等人的建议，把臣子当老师看，“三人行必有我师焉，择其善者从之，其不善者改之”。这是飞龙在天时期，人达到最高峰的时候，一定要把握住的精神。

6. 亢龙有悔

上九爻，“亢龙有悔”。九五爻处于上卦的中间，而且是阳爻得阳位，是最为中正的位子，从时运上讲，已经极为完美，超过了九五爻就是“亢”，就过了。上九爻到了顶级的位置，所以就有悔惜。

对于一般人来说，“亢龙有悔”的状况时常发生，这里面有一些自然规律在起作用。《论语·季氏》云：“君子有三戒……及其老也，血气既衰，戒之在得。”人到老年，血气衰微，即便年轻时期很豪放大气之人，到这时候也容易起贪吝、多疑、自负之心，这就是“亢龙有悔”的内在原因。唐太宗在贞观后期也不像贞观早期那样从谏如流，变得不喜听臣下劝谏，力主征伐辽东，结果劳民伤财、无所收获。朱元璋晚年也有些喜怒无常、赏罚无度。这些都是“亢龙有悔”的例子。

7. 群龙无首

九五爻的“飞龙在天”，代表一个人事业的高峰时期，是能够大展雄风、造福社会之时。此时的关键是把握天德，按照客观规律办事，要以“勿意、勿必、勿固、勿我”之心成就事业。一旦自我意识抬头，不顾客观规律，听不进不同意见，主观臆断，就很容易滑落到上九“亢龙有悔”的状态。如果处九五之位的人能够秉承“天德不可为首”的理念，就不会沿着危险的上九爻状态发展，而进入用九的“见群龙无首，吉”的境界了。

所以乾坤两卦，分别多加了一句话——用九、用六。乾卦的用九是“见群龙无首，吉”。《程传》释云：“见群龙，谓观诸阳之义，无为首则吉也。”所谓“见群龙”，是说观察这六个阳爻的含义，不以首领自居才是吉。

从管理者个人的角度来看，在精力体力各方面觉得很难去驾驭全局、把握复杂局面的时候，就要选择继承人，不做永远的首，不要亢龙压着飞龙，所谓江山代有人才出，一代更比一代强，这就是一个吉祥的状态。《文言》在讲“用九”的时候，有一句话：“知进退存亡而不失其正者，其唯圣人乎。”这是讲圣贤能避免“亢龙有悔”的悲剧，在“飞龙在天”的时候就审时度势，选好接班人，如尧禅让于舜、舜禅让于大禹，以贤传贤，这样就可以避免“亢龙有悔”的悲剧。这与《礼运·大同篇》的思想是一致的。《易传》《礼记》里面就有贬低“家天下”而提倡“公天下”的思想，这也是传统文化进行创造性转化、创新性发展的重要资源。

乾卦六爻的爻辞，可以解读成人一生成长的过程。要走向成功又要避免最后的危局，达到和谐、可持续发展的境界，这是乾卦爻辞给我们的智慧。大家以后有机会再学习一下乾卦的《文言》。《文言》是从多个层面多个角度来解释这些卦辞和爻辞，文辞优美、意味深长。限于篇幅，我们不再展开。

《系辞》云：“乾坤，其易之缊邪？乾坤成列，而易立乎其中矣。乾坤毁，则无以见易，易不可见，则乾坤或几乎息矣。是故形而上者谓之道，形而下者谓之器，化而裁之谓之变，推而行之谓之道，举而错之天下之民，谓之事业。”乾坤是易的渊源，乾为阳、为天，坤为阴、为地，乾坤分布排列，易就立于其中。如果乾坤毁灭则无以显现易；反之，易不可见则乾坤也许几乎止息了。所以，乾为天，代表形体以上的道；坤为地，代表形体以下的器；运用天道的基本规律裁成大地含藏的万物即为变；坤道（地道）及其所包含的（其余各卦所代表的）万事万物在天道的推动下自然运行叫作通；把天道以及天道影响下生成的地道、万物之道按照天地人合一的法则，运用到人世间，施加于天下民众，就叫作事业。由此可见，乾坤两卦有着独特的地位，而乾卦的地位更为特殊，它位于六十四卦之首，是《周易》的核心之所在，若能读懂乾卦，其余诸卦亦不难解。如果我们能细心体会乾卦卦辞所显示的君子四德，细心体会乾卦爻辞所含藏的君子修身、齐家、治国、平天下的智慧，就有利于促进各项事业全面、协调、可持续发展。

附:《周易程氏传》原文

乾卦

乾下乾上

乾：元，亨，利，贞。

上古圣人始画八卦，三才之道备矣。因而重之，以尽天下之变，故六画而成卦。重乾为乾。乾，天也。天者天之形体，乾者天之性情。乾，健也，健而无息之谓乾。夫天，专言之则道也，天且弗违是也；分而言之，则以形体谓之天，以主宰谓之帝，以功用谓之鬼神，以妙用谓之神，以性情谓之乾。乾者万物之始，故为天，为阳，为父，为君。元、亨、利、贞谓之四德。元者万物之始，亨者万物之长，利者万物之遂，贞者万物之成。惟乾、坤有此四德，在他卦则随事而变焉。故元专为善大，利主于正固，亨、贞之体，各称其事。四德之义，广矣大矣。

初九：潜龙勿用。

下爻为初。九，阳数之盛，故以名阳爻。理无形也，故假象以显义。乾以龙为象。龙之为物，灵变不测，故以象乾道变化，阳气消息，圣人进退。初九在一卦之下，为始物之端，阳气方萌。圣人侧微，若龙之潜隐，未可自用，当晦养以俟时。

九二：见龙在田，利见大人。

田，地上也。出见于地上，其德已著。以圣人言之，舜之田渔时也。利见大德之君，以行其道。君亦利见大德之臣，以共成其功。天下利见大德之人，以被其泽。大德之君，九五也。乾、坤纯体，不分刚柔，而以同德相应。

九三：君子终日乾乾，夕惕若，厉，无咎。

三虽人位，已在下体之上，未离于下而尊显者也。舜之玄德升闻时也。日夕不懈而兢惕，则虽处危地而无咎。在下之人而君德已著，天下将归之，其危惧可知。虽言圣人事，苟不设戒，则何以为教？作《易》之义也。

九四：或跃在渊，无咎。

渊，龙之所安也。或，疑辞，谓非必也。跃不跃，惟及时以就安耳。圣人之动，无不时也。舜之历试时也。

九五：飞龙在天，利见大人。

进位乎天位也。圣人既得天位，则利见在下大德之人，与共成天下之事。天下固利见夫大德之君也。

上九：亢龙有悔。

九五者，位之极中正者。得时之极，过此则亢矣。上九至于亢极，故有悔也。有过则有悔。唯圣人知进退存亡而无过，则不至于悔也。

用九：见群龙无首，吉。

用九者，处乾刚之道，以阳居乾体，纯乎刚者也。刚柔相济为中，而乃以纯刚，是过乎刚也。见群龙，谓观诸阳之义，无为首则吉也。以刚为天下先，凶之道也。

《彖》曰：大哉乾元！万物资始乃统天。云行雨施，品物流形。大明终始，六位时成，时乘六龙以御天。乾道变化，各正性命，保合太和，乃利贞。首出庶物，万国咸宁。

卦下之辞为《彖》。夫子从而释之，通谓之《彖》。《彖》者，言一卦之义。故知者观其《彖辞》，则思过半矣。“大哉乾元”，赞乾元始万物之道大也。四德之元，犹五常之仁，偏言则一事，专言则包四者。“万物资始乃统天”，言元也。乾元统言天之道也。天道始万物，物资始于天也。“云行雨施，品物流形”，言亨也。天道运行，生育万物也。大明天道之终始，则见卦之六位，各以时成。卦之初终，乃天道终始。乘此六爻之时，乃天运也。“以御天”，谓以当天运。乾道变化，生育万物，洪纤高下，各以其类，各正性命也。天所赋为命，物所受为性。“保合太和乃利贞”，“保”谓常存，“合”谓常和，保合太和，是以利且贞也。天地之道，常久而不已者，保合太和也。天为万物之祖，王为万邦之宗。乾道首出庶物而万汇亨，君道尊临天位而四海从。王者体天之道，则万国咸宁也。

《象》曰：天行健，君子以自强不息。

卦下《象》解一卦之象，爻下《象》解一爻之象。诸卦皆取象以为法。乾道覆育之象至大，非圣人莫能体，欲人皆可取法也，故取其行健而已，至健固足以见天道也。君子以自强不息，法天行之健也。

潜龙勿用，阳在下也。

阳气在下，君子处微，未可用也。

见龙在田，德施普也。

见于地上，德化及物，其施已普也。

终日乾乾，反复道也。

进退动息，必以道也。

或跃在渊，进无咎也。

量可而进，适其时则无咎也。

飞龙在天，大人造也。

大人之为，圣人之事也。

亢龙有悔，盈不可久也。

盈则变，有悔也。

用九，天德不可为首也。

用九，天德也。天德阳刚，复用刚而好先，则过矣。

《文言》曰：**元者善之长也，亨者嘉之会也，利者义之和也，贞者事之干也。**

他卦，《彖》《象》而已，独乾、坤更设《文言》以发明其义，推乾之道，施于人事。元、亨、利、贞，乾之四德，在人则元者众善之首也，亨者嘉美之会也，利者和合于义也，贞者干事之用也。

君子体仁足以长人。

体法于乾之仁，乃为君长之道，足以长人也。体仁，体元也。比而效之谓之体。

嘉会足以合礼。

得会通之嘉，乃合于礼也。不合礼则非理，岂得为嘉？非理安有亨乎？

利物足以和义。

和于义乃能利物。岂有不得其宜，而能利物者乎？

贞固足以干事。

贞固所以能干事也。

君子行此四德者，故曰乾元亨利贞。

行此四德，乃合于乾也。

初九曰潜龙勿用，何谓也？子曰：龙德而隐者也。不易乎世，不成乎名，遁世无闷，不见是而无闷，乐则行之，忧则违之，确乎其不可拔，潜龙也。

自此以下，言乾之用，用九之道也。初九阳之微，龙德之潜隐，乃圣贤之在侧陋也。守其道，不随世而变；晦其行，不求知于时；自信自乐，见可而动，知难而避，其守坚不可夺，潜龙之德也。

九二曰见龙在田，利见大人，何谓也？子曰：龙德而正中者也，庸言之信，庸行之谨，闲邪存其诚，善世而不伐，德博而化。《易》曰见龙在田，利见大人，君德也。

以龙德而处正中者也。在卦之正中，为得正中之义。庸信庸谨，造次必于是也。既处无过之地，则唯在闲邪。邪既闲，则诚存矣。善世而不伐，不有其善也。德博而化，正己而物正也。皆大人之事，虽非君位，君之德也。

九三曰君子终日乾乾，夕惕若，厉，无咎，何谓也？子曰：君子进德修业。忠信，所以进德也；修辞立其诚，所以居业也。知至至之，可与几也；知终终之，可与存义也。是故居上位而不骄，在下位而不忧，故乾乾因其时而惕，虽危无咎矣。

三居下之上，而君德已著，将何为哉？唯进德修业而已。内积忠信，所以进德也。择言笃志，所以居业也。“知至至之”，致知也。求知所至而后至之，知之在先，故可与几，所谓“始条理者知之事也”。“知终终之”，力行也。既知所终，则力进而终之，守之在后，故可与存义，所谓“终条理者圣之事也”。此学之始终也。君子之学如是，故知处上下之道而无骄忧，不懈而知惧，虽在危地而无咎也。

九四曰或跃在渊，无咎，何谓也？子曰：上下无常，非为邪也。进退无恒，非离群也。君子进德修业，欲及时也，故无咎。

或跃或处，上下无常，或进或退，去就从宜；非为邪枉，非离群类，进德修业，欲及时耳。时行时止，不可恒也，故云“或”。深渊者，龙之所安也。“在渊”，谓跃就所安。渊在深而言“跃”，但取进就所安之义。“或”，疑辞，随时而未可必也。君子之顺时，犹影之随形，可离非道也。

九五曰飞龙在天，利见大人，何谓也？子曰：同声相应，同气相求；水流湿，火就燥；云从龙，风从虎。圣人作，而万物睹，本乎天者亲上，本乎地者亲下，则各从其类也。

人之与圣人，类也。五以龙德升尊位，人之类莫不归仰，况同德乎？上应于下，下从于上，“同声相应，同气相求”也。流湿就燥，从龙从虎，皆以气类，故圣人作而万物皆睹。上既见下，下亦见上。物，人也，古语云“人物”“物论”，谓人也。《易》中“利见大人”，其言则同，义则有异。如讼之“利见大人”，谓宜见大德中正之人，则其辩明，言在见前。乾之二、五，则圣人既出，上下相见，共成其事，所利者见大人也，言在见后。“本乎天者”，如日月星辰。“本乎地者”，如虫兽草木。阴阳各从其类，人、物莫不然也。

上九曰亢龙有悔，何谓也？子曰：贵而无位，高而无民，贤

人在下位而无辅，是以动而有悔也。

九居上而不当尊位，是以无民无辅，动则有悔也。

潜龙勿用，下也。

此以下言乾之时。“勿用”，以在下未可用也。

见龙在田，时舍也。

随时而止也。

终日乾乾，行事也。

进德修业也。

或跃在渊，自试也。

随时自用也。

飞龙在天，上治也。

得位而行上之治也。

亢龙有悔，穷之灾也。

穷极而灾至也。

乾元用九，天下治也。

用九之道，天与圣人同，得其用则天下治也。

潜龙勿用，阳气潜藏。

此以下言乾之义。方阳微潜藏之时，君子亦当晦隐，未可用也。

见龙在田，天下文明。

龙德见于地上，则天下见其文明之化也。

终日乾乾，与时偕行。

随时而进也。

或跃在渊，乾道乃革。

离下位而升上位，上下革矣。

飞龙在天，乃位乎天德。

正位乎上，位当天德。

亢龙有悔，与时偕极。

时既极，则处时者亦极矣。

乾元用九，乃见天则。

用九之道，天之则也。天之法则谓天道也。或问：乾之六爻皆圣人之事乎？曰：尽其道者圣人也。得失则吉凶存焉，岂特乾哉？诸卦皆然也。

乾元者，始而亨者也。

又反覆详说以尽其义。既始则必亨，不亨则息矣。

利贞者，性情也。

乾之性情也。既始而亨，非利贞其能不息乎？

乾始能以美利利天下，不言所利，大矣哉！

乾始之道，能使庶类生成，天下蒙其美利，而不言所利者，盖无所不利，非可指名也。故赞其利之大曰“大矣哉”。

大哉乾乎！刚、健，中、正，纯、粹，精也。六爻发挥，旁通情也。时乘六龙，以御天也。云行雨施，天下平也。

“大哉”，赞乾道之大也。以刚、健、中、正、纯、粹六者，形容乾道。“精”谓六者之精极。以六爻发挥旁通，尽其情义。乘六爻之时以当天运，则天之功用著矣。故见云行雨施，阴阳溥畅，天下和平之道也。

君子以成德为行，日可见之行也。潜之为言也，隐而未见，行而未成，是以君子弗用也。

德之成，其事可见者行也。德成而后可施于用。初方潜隐未见，其行未成。未成，未著也，是以君子弗用也。

君子学以聚之，问以辨之，宽以居之，仁以行之。《易》曰：“见龙在田，利见大人。”君德也。

圣人在下，虽已显而未得位，则进德修业而已。学、聚、问、辨，进德也。宽居、仁行，修业也。君德已著，利见大人，而进以行之耳。进居其位者，舜、禹也。进行其道者，伊、傅也。

九三重刚而不中，上不在天，下不在田，故乾乾因其时而惕，虽危无咎矣。

三重刚，刚之盛也。过中而居下之上，上未至于天，而下已离于田，危惧之地也。因时顺处，乾乾兢惕以防危，故虽危而不至于咎。君子顺时兢惕，所以能泰也。

九四重刚而不中，上不在天，下不在田，中不在人，故或之。或之者，疑之也，故无咎。

四不在天，不在田而出人之上矣，危地也。疑者未决之辞。

处非可必也，或进或退，唯所安耳，所以无咎也。

夫大人者，与天地合其德，与日月合其明，与四时合其序，与鬼神合其吉凶。先天而天弗违，后天而奉天时。天且弗违，而况于人乎？况于鬼神乎？

大人与天地日月四时鬼神合者，合乎道也。天地者道也，鬼神者造化之迹也。圣人先于天而天同之，后于天而能顺天者，合于道而已。合于道，则人与鬼神岂能违也？

亢之为言也，知进而不知退，知存而不知亡，知得而不知丧。其唯圣人乎！知进退存亡而不失其正者，其唯圣人乎！

极之甚为“亢”。至于亢者，不知进退存亡得丧之理也。圣人则知而处之，皆不失其正，故不至于亢也。

第四讲 坤卦解说

坤卦䷁由六个阴爻组成，在六十四卦之中排在第二位，其文字系统是由卦辞、彖辞、爻辞、大小象辞、文言所构成。

一、《卦辞》《彖辞》《象辞》释义

1.《卦辞》

坤：元，亨，利，牝马之贞。君子有攸往，先迷，后得，主利。西南得朋，东北丧朋，安贞，吉。

《程传》释云："坤，乾之对也。四德同，而贞体则异。乾以刚固为贞，坤则柔顺而贞。牝马柔顺而健行，故取其象曰：牝马之贞。"坤与乾相对，孤阴不生、孤阳不长，乾坤必须相对应而存在。乾坤两卦，元、亨、利、贞四德相同，但贞德之体性则有区别：乾代表天道，以刚健坚固为贞德；坤代表地道，以柔和顺从为贞德。牝马就是母马，在草原上，母马总是跟随着领头的公马奔驰，性格柔顺、足力强健。此处以“牝马”为象，来表示乾坤之“贞”的差异。乾为君道，而坤则代表臣道。这里的“君子”是取象“牝马”，类比为顺从君主的贤臣，一定要等待乾阳之君发出指令，然后再忠诚执行；如果不令而行、盲目争先，就会迷失方向，居于乾阳之后才能得其常道。“主利”，即利万物之德主于坤，乾坤合作、天地合作，才能产生天下之“利”。但上天只是发出指令，具体的生长收藏都是大地之功，所以坤道之臣是最辛苦的。但即便是最辛苦的，也不能“贪天功为己有”，天道、乾道的贡献是决定性的，不能觉得自己“主利”、有功劳就想“翻天”。

“西南得朋，东北丧朋，安贞，吉”，怎么解释呢？根据后天八卦方位，坤的方位是西南，西南为阴位；艮卦的方位为东北，前面说过乾坤生六子，阳卦多阴、阴卦多阳，艮代表少男，是阳卦。总而言之，西南是阴，东北是阳。而坤卦中的君子是臣，属于阴类，到西南方，就是以阴会阴，是朋党之会，这是不好的，有与君王离心离德的意思；而离开西南，转向东北的阳类，就丧失朋党而得到主人，阴阳相济、君臣相和，这才是天地之常道，这样才能成就化育万物之大功，从而获得安贞之吉。

2.《彖辞》

《彖》曰：至哉坤元！万物资生，乃顺承天。坤厚载物，德合无疆。含弘光大，品物咸亨。牝马地类，行地无疆；柔顺利贞，君子攸行。先迷失道，后顺得常。西南得朋，乃与类行；东北丧朋，乃终有庆。安贞之吉，应地无疆。

乾卦的《彖辞》说“大哉乾元！万物资始乃统天”，而坤卦说“至哉坤元！万物资生，乃顺承天”。《程传》提出：“乾既称‘大’，故坤称‘至’。‘至’义差缓，不若‘大’之盛也。圣人于尊卑之辨，谨严如此。”乾道既然被称为“大”，因此就称坤道为“至”，“至”比“大”稍弱，圣人对于尊与卑的分别如此严谨。万物资乾以始，资坤以生，地上草木万物的生长，都是由天发布四季、二十四节气的指令，给予万物始发的动能，而“万物资乾以始，资坤以生，父母之道也”。坤卦代表的大地，这是厚德载物，生养万物。乾坤、天地生养万物的关系，与父亲母亲生育子女之道是类似的，母亲在孕育子女过程中最为辛劳，这是“资始”与“资生”的区别。程颐说：“以含、弘、光、大四者形容坤道，犹乾之刚、健、中、正、纯、粹也。”用含、弘、光、大四者形容坤道，就像用刚、健、中、正、纯、粹来形容乾一样。含，包容之意；弘，宽裕之意；光，照明之意；大，博厚之意。有此四种品德，因此坤能顺承天的功业，使万物都亨通顺利地生长。取母马作为坤的象征，是因为母马柔顺，跟从公马在大地上刚健地奔跑。一般来说，乾刚坤柔，但坤至柔中蕴含至刚，母马行动刚健不妨碍它柔顺的德性。柔顺而利于正固，这才是坤德，也是君子所践行的。君子之道是合乎坤德的。程颐又指出，“先迷，后得”以下几句，说的是阴之道、臣之道。若反客为主，模仿乾阳引领天下之体性，就迷失了方向；在乾阳之后应和则柔顺，就符合阴的常理。西南方属阴，跟从同类，就是得到了性质相同的朋党；东北方属阳，离开同类，就是离开朋党而顺从于阳，阴阳相济，就能成就生养万物的功业，最终会得到吉庆。与同类而行是其本体，顺从于阳则是其功用。阴之本体柔顺而躁动，因此顺从于阳就能够安定贞正而得吉庆，符合地道之广大无疆。

3.《大象辞》

《象》曰：地势坤，君子以厚德载物。

坤道之大犹如乾道，乾坤并建而万物生生，大地厚重而地势平顺，因此取大地平顺而厚重之象，称“地势坤”。君子观察效法大地之坤德，以包容承载万物。

二、爻辞释义

1.见微知著

初六：履霜，坚冰至。《象》曰：履霜坚冰，阴始凝也；驯致其道，至坚冰也。

中国北方的霜降时节，看到草地上有霜，就知道千里冰封的寒冬即将来临，由此引发出君子要有预判事物发展趋势的能力。《周易·文言》解释这段话说：“臣弑其君，子弑其父，非一朝一夕之故，其所由来者渐矣，由辨之不早辨也。”臣子谋杀君王，儿子谋害父亲，这种事情一定有一个矛盾积累、逐渐发展的过程，不可能毫无征兆地发生，没有及早辨别、消弭祸端，才会导致悲剧的发生。

元代政治家张养浩在《庙堂忠告》中指出，从政者要深谋远虑，“大抵自古国家之所以不治，臣子之所以不轨，固非一朝一夕之积，良由今日以某事为小过而不谏，明日以某人为小罪而不惩，日引月深，不自知其祸乱之成也”。这句话就是根据《周易·文言》引申而来的。

《史记》等典籍都记载有箕子见微知著的典故。商纣王刚即位，生活便开始奢侈起来，使用起了象牙筷子。箕子看到了这个苗头，就感叹说：“他使用象牙筷子，必定不再用陶制的食器盛东西，而要做犀玉之杯了。有了犀玉杯、象牙筷，必不会再吃野菜粗粮、穿劣质衣服、住茅棚了，下一步就是身披锦衣九重、脚踩高台广室。欲望越来越大，整个天下也满足不了他。”箕子劝谏，商纣王不听。没过多久，纣王便开始建造鹿台，琼室玉门，豪华富丽，狗马奇物充满其中，还有酒池肉林、宫中街市，供他穷奢极欲，而老百姓都背叛了他。

《左传·桓公十三年》记载，公元前699年春季，楚武王派他的儿子屈瑕进攻罗国，斗伯比为他送行。屈瑕刚打过一个胜仗，心高气傲，走路把脚抬得很高。斗伯比认为这表明主帅心神不稳，以他为帅，此战必败，于是进见楚武王，建议增派军队。楚武王先不同意，后来经过夫人邓曼劝说，同意增派军队追赶屈瑕，但没有追上。屈瑕则刚愎自用，在军中通告不得进谏。到达鄢水之后，军队渡河毫无秩序、漫不经心而且不设防。到达罗国后遭到罗国和卢戎的军队两边夹攻，楚军大败，莫敖吊死在荒谷。斗伯比见微知著，从屈瑕的步履神态就可以预知其失败的命运，并向楚王提出了补救的建议，只是楚王的应对不够及时，导致了悲剧的发生。

齐桓公是春秋五霸之首，他身边有三个奸臣，厨师易牙、宦官竖刁、卫公子开方。易牙为了让齐桓公品尝人肉的味道，曾经把自己儿子杀了煮肉。竖刁本来是贵族出身，为了能长期侍奉齐桓公主动把自己阉割。卫公子开方从卫国到齐国为臣，十五年没有回家探亲，父母死了也不回去奔丧。他们都费尽心机讨好君王，齐桓公很喜欢他们。根据《史记》记载，公元前645年，管仲病重，齐桓公问他："你死后群臣之中谁可做相国？"管仲说："知臣莫如君，请您自己提出人选吧！"桓公说："厨师易牙这人怎么样？"管子说："他杀死自己的儿子来迎合国君，不合人情，不能任用。"桓公问："卫公子开方这人怎么样？"管子说："他抛弃双亲来迎合国君，不合人情，不可接近。"桓公说："太监竖刁这人怎么样？"回答说："阉割自己来迎合国君，不合人情，不可亲信。"管仲死后，桓公虽然没有任用他们为相，但还是亲近他们，导致三人专权。公元前643年冬，齐桓公死。易牙进宫，与竖刁借助宫内宠臣杀死诸大夫，立公子无诡为齐君。太子昭逃亡到宋国。桓公尸体被丢在床上67天，爬满蛆虫。而后齐桓公的儿孙为抢夺王位相互残杀，乱局持续了数十年。应该说，管子已经发现了事情的苗头，告诫齐桓公远离小人，用之必乱国。但齐桓公没有接受，一代霸主落到死无葬身之地、儿孙相互残杀的下场，殊为可悲。

《反经》记录了唐初名臣虞世南评价东汉衰败的一段话："夫岷江初发，其源可以滥觞。及其远也，方舟而后能济。元帝之时，而任弘恭、石显；暨于桓、灵，加以单超、张让，既斁彝伦，遂倾宗国。其所由来者渐矣。故曰：'荧荧不灭，炎炎奈何？'言慎其始也。呜呼！百代之后，其鉴之哉！"岷江源头水流很小，只能飘起木杯，到了下游江岸宽阔、风高浪急，乘大船才能渡过。汉元帝的时候，任用佞臣弘恭、石显，到了后汉桓帝、灵帝的时候，又有单超、张让干政，既然败坏了伦常道德，皇室、国家的灭亡便无可避免了。汉朝到了这步田地，其祸根是一步步种下的。星星之火渐成燎原之势，又有什么办法呢？可见凡事一露苗头，就得慎重对待。百代之后都要引以为鉴！

既济卦《象辞》也指出：“君子以思患而豫防之。”冯梦龙编辑《智囊》一书，专门列有“知微”一章，他指出：“圣无死地，贤无败局；缝祸于渺，迎祥于独；彼昏是违，伏机自触。”圣人绝不会自陷死地，贤者从不曾遭逢败局，这是因为他们能从细微的事中预知祸害的来临，因此总能够未雨绸缪，得到圆满的结果。

《战国策》里有一个故事。晋国权臣智伯想攻打卫国，为了迷惑敌人，先送给卫君四百匹野马和一块白璧。卫君十分高兴，群臣都来庆贺，卫国大臣南文子却面带愁容。卫君问其故，南文子提出：我们没有为晋国出过力，他却送四百匹野马和一块白璧，这是小国应该送给大国的礼物，而如今大国却将这种礼物送给我们，无功之赏，必有玄机。卫君把南文子的观点告诉边境的将领，让他们加以戒备。后来智伯果然出兵偷袭卫国，到了边境后，看到卫国早有准备，只好打道回府。智伯失望地说：卫国有能人，预先知道了我的计谋。

冯梦龙《智囊》里还有一个孙权的部将潘濬见微知著的小故事。三国时期，武陵郡属荆州。荆州并归东吴以后，武陵郡的樊伷诱导附近的各族作乱，荆州都督请求以一万人的兵力去讨伐他们，东吴君主孙权召问籍贯也是武陵的将军潘濬。潘濬说：“对付樊伷这个人，五千兵马就足够了。”孙权好奇，问他为何如此轻敌。潘濬回答说，樊伷和他是同乡，此人善于夸夸其谈，但并没什么真才实学。有一次，他设置酒宴招待上级官员，日至中天，厨房还没有准备好，为这一点小事情，他十几次站起来观望。连一顿饭都安排不好的人，又能做成什么事情呢？孙权大笑，随即派遣潘濬率五千兵马出征，果然顺利平叛、力斩樊伷。

三国时期的诸葛亮在《便宜十六策》中指出："君子视微知著，见始知终，祸无从起。"一个杰出的政治家，要能够见微知著、见始知终，这样就不会有祸患。诸葛亮本人就有着惊人的预判能力，隆中对策而三分天下，这就是见微知著的典型案例。裴松之《三国志注》中记载了一个诸葛亮识别刺客的小故事。曹操曾派刺客刺杀刘备，刺客假扮成谋臣投靠刘备，在刘备接见时谈论伐魏形势，很合刘备的胃口。两人相谈正欢，刺客逐渐靠近刘备，这时诸葛亮进来汇报工作，刺客露出慌张的表情，诸葛亮察觉此人有问题。不一会，刺客借口上茅厕离开。刘备对诸葛亮说："这是一位奇人，可以辅助你。"诸葛亮则分析说："我观察这人神色有变且慌张，眼神不敢直视，低头四处探望，外露奸形，内藏邪心，必定是曹操的刺客。"刘备于是派人到茅厕追捕，发现此人已翻墙逃走。这个故事也显示出诸葛亮可以从人的神色表情等细节观察到他人的内心世界，见微知著，让刘备躲过了刺客的谋杀。

《系辞》指出："君子知微知彰，知柔知刚，万夫之望。"有才华的君子既有见微知著的预见力，又能够把握发展壮大以后的显著特征；既有怀柔安抚的慈悲情怀，也有当断则断、敢于斗争的勇士精神。人的智慧达到这个境界，就可以当万人仰望的领导干部了。这句话本来是孔夫子对于《周易》豫卦九二爻辞"介于石，不终日，贞吉"的阐发，如果一个人的品行操守坚如磐石，如《大学》所说的具有止于至善的信念，"知止而后有定，定而后能静，静而后能安，安而后能虑，虑而后能得"，那不需要一天就可以得出准确的判断，蒋介石的"介石"就是从这里来的。这里是讲要有预见力、判断力和执行力，这也是《周易》核心理念之一。

《老子》之中也指出："其安易持，其未兆易谋。其脆易泮，其微易散。为之于未有，治之于未乱。"局势安定平稳之时容易维持，事情只有潜在危机、还没露苗头时如果及时发现就容易筹谋解决；事物危机已经露出苗头、比较脆弱时，如果及时发现也容易消解；事情的危机有所发展，但还比较微小，如果发现了，也比较容易解除散开。要在事情还没有发作时处理它，要在局势还没有动乱时治理它。古往今来的政治家都把"见微知著"作为从政的基本素养。

汉代刘向在《说苑》中列举了"圣臣"与"智臣"这两类"见微知著"的优秀典型。"萌芽未动，形兆未见，昭然独见存亡之几，得失之要，预禁乎不然之前，使主超然立乎显荣之处，天下称孝焉，如此者圣臣也。"这一类政治家要有先见之明，在所有的危机都处于潜伏未现的状态下，能够预见到得失存亡的利害，采取预防措施，使他的领导免于祸患，江山稳固，这样的人是圣臣。"察见成败，早防而救之，引而复之，塞其间，绝其源，转祸以为福，使君终以无忧，如此者智臣也。"在危机刚刚出现、问题还不大的时候，能够明察成败得失的发展趋势，防微纠偏，拉回正轨，断绝祸患产生的根源，转危为安，使领导无乱政亡国之忧，这样的人是智臣。

《智囊·知微篇》记载了庞仲达向任棠讨教治理之道的故事，这两个人都可以称得上智臣的典型。庞参，字仲达，是东汉后期的名臣，他被派到汉阳当太守。东汉末年，豪强专横，而汉阳也有这个问题，庞参到任以后，就苦思治理之策。他听说当地有个叫任棠的教书先生，很有智慧和声望。他就登门拜访，讨教治理汉阳的方略，在任棠家等了很久，才看见他回家。但任棠也不和太守说话，只是摆了一盆清水放在门口，又把一棵连根拔起的薤菜（又名藠头，样子有点类似于葱）放在水盆边，然后自己抱着一个小孩站在门口。庞参的随从看任棠不理不睬，就斥责他狂妄。“仲达曰：‘彼欲晓太守耳，水者，欲吾清；拔大本薤者，欲吾击强宗；抱儿当户，欲吾开门恤孤也。’叹息而还，自是抑强扶弱，果以惠政得民。”庞仲达指出，面对豪强专横、百姓困苦的局面，任棠把一盆清水放在家门口，是要我为官清正，正人先正己；用一棵连根拔起的薤菜，告诉我薤菜的重点是地下的根须，打击豪强贪官，也要标本兼治，把产生问题的根源治理好；抱着孩子站在门口，就是要我扶贫济困，体恤鳏寡孤独，才能得到百姓的支持和拥戴。庞仲达按照任棠的策略，抑制豪强、扶助弱小，果然深得民心。在这个故事之中，任棠微言大义，庞参见微知著，后人就由任棠和庞参的这次交往，概括出两个成语：拔薤诛茅，置水之情。前者意为居官应刚直不阿，敢于诛除强暴；后者意为陈述民间疾苦，希望当权者廉洁自持，体察民情。

明代政治家张居正也指出：“惟善察者能见微知著。不察，何以烛情照奸？察，然后知真伪，辨虚实。夫察而后明，明而断之、伐之，事方可图。”只有善于观察的人才具有见微知著的能力。明察秋毫，才能发现真诚与虚伪，辨别虚假与真实。察验之后才能明晰，明晰之后才能判别、处理，达到事半功倍的效果。2019 年 9 月 3 日，习近平总书记在中央党校（国家行政学院）秋季学期中青年干部培训班开班式上强调：领导干部要有草摇叶响知鹿过、松风一起知虎来、一叶易色而知天下秋的见微知著能力，对潜在的风险有科学预判，知道风险在哪里，表现形式是什么，发展趋势会怎样，该斗争的就要斗争。这也是强调见微知著是领导干部的基本素养之一。

2. 直方且大

六二：直、方、大，不习无不利。《象》曰：六二之动，直以方也。不习无不利，地道光也。

二五两爻是居中之爻，六二又是以阴爻居阴位，属于既中又正的中正之爻，是坤卦的主爻。《程传》释云："乾、坤纯体，以位相应。二，坤之主，故不取五应，不以君道处五也。乾则二五相应。"乾、坤两卦是纯阳、纯阴的卦，只说初与四、二与五、三与上的爻位对应，没有阴阳正应之说了。从坤卦而言，六二爻是坤卦的主爻，不把第五爻当作君位，不用谈二五两爻相应了，都是臣下，两者如果说相应，就是"西南得朋"的结党营私了。但乾卦二为臣、五为君，还可以说有君臣相应之意。爻辞说坤道中正而在下，是地之道。用直、方、大三词来形容地道之德用，品行正直、行为端方、心胸广大，由于六二之臣有这些特性，因此"不习"，不去刻意地作为、经营就可以无所不利。乾为君道，天发四时长养万物的指令，君王发治国爱民的指令；坤为臣道，大地、贤臣只需要以直、方、大之德去执行即可，无需什么私意，这样就可以无为而无不为。《程传》对于《象辞》的解释是："承天而动，直以方耳，直方则大矣。直方之义，其大无穷，地道光显，其功顺成。"古人讲天圆地方，天健动不息，地承天而动，直而且方，能直、方则能大。直、方的意义，广大无穷，地道得以光显，地道、臣道的功业顺直，方之道而得以成就。

《文言》对此也有解释："直其正也，方其义也。君子敬以直内，义以方外，敬义立而德不孤。直、方、大，不习无不利，则不疑其所行也。”“直”是形容其正，“方”是形容其义。君子主于恭敬以使内心正直，坚守道义以使外在行为端正。恭敬之心确立，内心就会正直；道义形于行为，行为就会端正。道义是外化到行为中的，并非其本身就外在于人。恭敬与道义确立之后，其美德就会盛大，不必刻意期求为大德，其德行也不会偏。这样的美德无论在哪里施用，都不会不周遍而利人。

3. 无成有终

六三：含章可贞，或从王事，无成有终。《象》曰：含章可贞，以时发也。或从王事，知光大也。

程颐指出，六三爻居于下卦之上爻，是得位之臣。这也体现其“随时变易以从道”的解释原则。卦爻象与卦爻辞之间的关系，有一些固定的讲法，比如乘承比应、当位不当位、中正等，但这都比不过“随时变易以从道”，关键是要体现这一卦、一爻所蕴含的君子进德修业、齐家治国之道。从得位之臣这一定位出发，《程传》释云：“为臣之道，当含晦其章美，有善则归之于君，乃可常而得正。上无忌恶之心，下得柔顺之道也。”为臣之道，应当含藏其光辉的美德，有善功则将其归于君主，这样才是可持续发展的正道。如此上级就没有猜忌之心，下属亦可得柔顺之道。《象辞》进一步阐发说，不应当将功劳善德归于自己，但并不是要无所作为，应该审时度势、顺时而动，有所作为，只是不居功罢了。不失时宜，就是根据时势行动，并非一直自我隐藏而无所作为。程子所谓“含而不为，不尽忠者也”，含藏而无所作为，是不尽忠的人；而那些跟随君王做事，有所成就却不居功的，才是真正能光大臣德的人，其无心名利，却能名垂青史。

坤卦《文言》指出："阴虽有美，含之以从王事，弗敢成也。地道也，妻道也，臣道也。地道无成而代有终也。"作为下属，不能居功自傲，要含藏自己的美德而服务于君主的事业，代替上级完成事务而不将功劳归于自身，就像大地帮助上天完成生养万物之业，而将成功归于天一样。古代的夫妻之道也是如此，现代又另当别论。

汉高祖刘邦在洛阳南宫评价张良（字子房）："夫运筹策帷帐之中，决胜于千里之外，吾不如子房。"后来论功行赏，汉高祖刘邦令张良自择齐国三万户为食邑，张良辞让，说他在韩国灭亡、家族败落、沦为布衣之际，跟随高祖刘邦建功立业，得封万户侯时已经满足，请降格封到当年与刘邦首次相遇的"留"地，史称"留侯张良"。张良逐步从"帝者师"退居"帝者宾"的地位，不问政事，专心修道，于公元前189年病逝，谥号文成侯，在汉初复杂的政治环境之中得以善终，亦是难得。

4. 无咎无誉

> 六四：括囊无咎，无誉。《象》：括囊无咎，慎不害也。

《程传》指出："四居近五之位，而无相得之义，乃上下闭隔之时，其自处以正。"六四爻临近第五爻，而坤卦的第五爻没有"君"的含义，也无阴阳相应之意，这代表着地位很高但君臣陌路、上下隔绝的一类臣子，此时尤其要注意以正道自处。伴君如伴虎，其身处危疑之地，如果韬光养晦，像扎紧口子的袋子一样深藏不露，就可以免于祸患；既然需要隐藏才华无所作为，当然就得不到赞誉了。《象辞》则进一步发挥此意，能如此谨慎，就不会有祸害了。

《文言》又云："天地变化草木蕃。天地闭，贤人隐。《易》曰：括囊无咎无誉。盖言谨也。"如果天地交相感应、风调雨顺，草木就会生长旺盛。君臣相遇相知，事业就会顺利发展。如果天地相互隔绝，那么万物就不会生长。如果君王无德，君臣之道隔绝，贤者就会隐遁避世。"括囊无咎无誉"，就是说要谨慎自保。

讲一个晏子的故事。晏子与孔子生活在同一个时代，是春秋时期齐国著名政治家，历经齐灵公、后庄公、景公三朝，辅政长达五十余年。齐后庄公为齐灵公之子，春秋时期齐国第二十五任国君（公元前554年—公元前548年）。庄公崇尚勇力，不顾道义，朝野上下怨声载道。晏子多次劝说庄公，庄公却不听，也不喜欢晏子。有一次，庄公举办酒会之时公开羞辱晏子，晏子进行了最后的劝谏，然后表示辞职，庄公也不挽留。晏子说："君子有能力为民服务时，就享有爵禄，禄位再丰亦有所不辞；无力为民服务时，纵然是寄食他乡，生活再贫贱也不该厌恶。"于是散尽家财，步行到东海之滨的小村里，过普通百姓的生活。公元前548年，齐后庄公因与权臣崔杼之妻东郭姜私通，而遭崔杼谋杀。崔杼拥立齐后庄公的异母弟杵臼即位，是为齐景公。齐景公即位之后，晏子又出来工作。晏子碰到齐后庄公这种昏庸无道的君王急流勇退，也算是对于"括囊无咎无誉""天地闭，贤人隐"的一种诠释吧。

5. 黄裳元吉

六五：黄裳元吉。《象》曰：黄裳元吉，文在中也。

古人以青、黄、黑、白、赤五种颜色配五方、五行，青属东方木，赤属南方火，白属西方金，黑属北方水，黄属中央土。黄是属中间的中色，与坤土相配，有中正之德。古代衣服一般分为上下两个部分，上衣称为衣，下衣称为裳，上衣代表君，下裳代表臣，黄裳就代表有中正之德之臣。元吉，就是大吉。

《象辞》又强调了“文在中也”，“文”原指衣服布帛上的纹理和色彩，这里指“文德”，黄色有中正之文德，在于其居中而不为过。内在积累至善的美德而自居于下位，因此是大吉。《文言》又云：“君子黄中通理，正位居体，美在其中，而畅于四支，发于事业，美之至也。”君子色黄而居中，居正位而不失臣下的根本。美德积聚于内心，以德润身，心广体胖，通畅地形于四体，表现在事业上，这是最盛大的美德。

六五爻辞都是正面立义，但《程传》则发挥出戒惧之义，“坤虽臣道，五实君位，故为之戒云‘黄裳元吉’”。坤卦虽是讲为臣之道，但第五爻确实是君位，因此要特别告诫“黄裳元吉”。黄是中正之色，裳是穿在下面的衣裤。守中正之道而居于下位，固守本分，就会大吉。反而言之，如果不是黄裳，以臣子的身份去穿“黄衣”，坐在君王之位，就是大凶了。《程传》认为这一点很关键：“后之人未达，则此义晦矣，不得不辨也。五，尊位也。在他卦，六居五，或为柔顺，或为文明，或为暗弱；在坤，则为居尊位。”后人没有明白六五爻辞隐含的这层意思需要进一步辨析。在别的卦里，阴爻居于第五爻，有柔顺、文明、暗弱等含义。在坤卦，就是臣居于尊位。这就要恪守谦下之臣德，如周公辅政一样；如果把持不住，就成了王莽之流，篡汉自立，最后死于乱军之中。

《程传》还进一步发挥“妇居尊位”之说，“妇居尊位，女娲氏、武氏是也，非常之变，不可言也，故有‘黄裳’之戒而不尽言也”。女娲、武则天居于帝王之位，这是不可预料的非常的变局，不可以明说，因此爻辞只有“黄裳”的告诫，而没有说尽其中之理，这与北宋的时局有关。元祐二年（1087年），程颐任经筵侍讲，教育年幼的宋哲宗，高太后垂帘听政，程颐对高太后秉政颇有微词，因此被一贬再贬，一生坎坷与此相关。程颐此说，应该是一种过度发挥，他借此对女主临朝进行了模糊的批评。

6. 龙战于野

上六：龙战于野，其血玄黄。《象》曰：龙战于野，其道穷也。

《程传》注云：“阴从阳者也，然盛极则抗而争。六既极矣，复进不已，则必战，故云‘战于野’。野谓进至于外也。既敌矣，必皆伤，故其血玄黄。”阴本来是顺从于阳的，臣本来是顺从于君的。但当其到了上六爻，强盛之极，不能以六五“黄裳元吉”的谦下中和之德自守，继续发展前进则必定要与阳相战，所以说是“战于野”。“野”是说前进而超过坤道、臣道了。既然阴阳相敌，必然两败俱伤，因此其血是黑黄色的。《象辞》曰：“龙战于野，其道穷也。”上六强盛到极致，但本质是臣下而无君德、天德，外强中干，与阳相争，必然会受伤。《文言》又指出：“阴疑于阳必战，为其嫌于无阳也，故称龙焉；犹未离其类也，故称血焉。夫玄黄者，天地之杂也。天玄而地黄。”龙本来是乾卦、君王的象征。坤卦上六爻辞之所以会出现龙，是因为阴已经达到极盛，与阳并驾齐驱而为阳所猜忌。这个位置的臣子又确实有化阴为阳、化臣为君的野心，所以此爻出现了“龙”。但上六之臣虽然已是极盛，却不离阴道、臣道的性质，不像隋唐之际，隋炀帝无道，失去天道、君道，唐高祖李渊、太宗李世民已经具备君德。上六之臣，大概可以用秦末的赵高、西汉末年的王莽类比，他们权倾一时，有不臣之心，但才德不足以为天下主，所以爻辞有“血”字，代表其还是阴类。玄指深蓝近于黑的天空颜色，黄是大地之色，这就是天玄地黄。阴阳相斗争，互相都不免受伤，因此其血有玄、黄二色。如果是君王失道，天命转移，那么就不是上六爻所说的情况了，那就是革卦所讨论的“汤武革命、顺天应人”了。

7. 用六永贞

用六：利永贞。《象》曰：用六永贞，以大终也。

坤卦的用六，乾卦的用九，是一个道理，讲的是如何扬长避短，避免坤阴、乾阳至极所带来的问题。用六是三个字“利永贞”，《象辞》是“用六永贞，以大终也”。程颐讲：“阴道柔而难常，故用六之道，利在常永贞固。”阴之道柔和，但难以持久，因此用六之道，其利在于长久贞正而坚固。阴柔之道、为臣之道如果在贞固、节操方面有所不足，就不能长久，到了鼎盛时期就想与阳相争，最后受到伤害，盛极而衰。用六之道就是要跳出这个怪圈，使得六五爻的元吉之势能够保持下去，在最后仍然保持盛大之势，成始成终。

附:《周易程氏传》原文

坤卦

䷁　**坤下坤上**

坤：元，亨，利，牝马之贞。

坤，乾之对也。四德同，而贞体则异。乾以刚固为贞，坤则柔顺而贞。牝马柔顺而健行，故取其象曰：牝马之贞。

君子有攸往。

君子所行柔顺而利且贞，合坤德也。

先迷，后得，主利。

阴，从阳者也，待倡而和。阴而先阳，则为迷错，居后乃得其常也。“主利”，利万物则主于坤，生成皆地之功也。臣道亦然，君令臣行，劳于事者臣之职也。

西南得朋，东北丧朋，安贞，吉。

西南阴方，东北阳方。阴必从阳，离丧其朋类，乃能成化育之功，而有安贞之吉。得其常则安，安于常则贞，是以吉也。

《彖》曰：至哉坤元！万物资生，乃顺承天。坤厚载物，德合无疆。

资生之道，可谓大矣。乾既称“大”，故坤称“至”。“至”义差缓，不若“大”之盛也。圣人于尊卑之辨，谨严如此。万物资乾以始，资坤以生，父母之道也。顺承天施，以成其功，坤之厚德，持载万物，合于乾之无疆也。

含弘光大，品物咸亨。牝马地类，行地无疆；柔顺利贞，君子攸行。

以含、弘、光、大四者形容坤道，犹乾之刚、健、中、正、纯、粹也。含，包容也。弘，宽裕也。光，昭明也。大，博厚也。有此四者，故能成承天之功，品物咸得亨遂。取牝马为象者，以其柔顺而健行，地之类也。“行地无疆”，谓健也。乾健坤顺，坤亦健乎？曰：“非健何以配乾？未有乾行而坤止也。”其动也刚，不害其为柔也。柔顺而利贞，乃坤德也，君子之所行也。君子之道合坤德也。

先迷失道，后顺得常。西南得朋，乃与类行；东北丧朋，乃终有庆。安贞之吉，应地无疆。

乾之用，阳之为也。坤之用，阴之为也。形而上曰天地之道，形而下曰阴阳之功。“先迷后得”以下，言阴道也。先倡则迷失阴道，后和则顺而得其常理。西南阴方，从其类，得朋也。东北阳方，离其类，丧朋也。离其类而从阳，则能成生物之功，终有吉庆也。与类行者本也，从于阳者用也。阴体柔躁，故从于阳则能安贞而吉，应地道之无疆也。阴而不安贞，岂能应地之道？《彖》有三“无疆”，盖不同也。“德合无疆”，天之不已也。“应地无疆”，地之无穷也。“行地无疆”，马之健行也。

《象》曰：地势坤，君子以厚德载物。

坤道之大犹乾也，非圣人孰能体之？地厚而其势顺倾，故取其顺厚之象，而云“地势坤”也。君子观坤厚之象，以深厚之德，容载庶物。

初六：履霜，坚冰至。

阴爻称六，阴之盛也。八则阳生矣，非纯盛也。阴始生于下，至微也。圣人于阴之始生，以其将长，则为之戒。阴之始凝而为霜，履霜则当知阴渐盛而至坚冰矣。犹小人始虽甚微，不可使长，长则至于盛也。

《象》曰：**履霜坚冰，阴始凝也；驯致其道，至坚冰也。**

阴始凝而为霜，渐盛则至于坚冰。小人虽微，长则渐至于盛，故戒于初。驯谓习，习而至于盛，习，因循也。

六二：直、方、大，不习无不利。

二，阴位在下，故为坤之主，统言坤道中正在下，地之道也。以直、方、大三者形容其德用，尽地之道矣。由直、方、大，故不习而无所不利。“不习”谓其自然，在坤道则莫之为而为也，在圣人则从容中道也。直、方、大，孟子所谓“至大至刚以直”也。在坤体，故以“方”易“刚”，犹“贞”加“牝马”也。言气，则先“大”。大，气之体也。于坤，则先“直、方”，由直方而大也。直、方、大足以尽地道，在人识之耳。乾、坤纯体，以位相应。二，坤之主，故不取五应，不以君道处五也。乾则二五相应。

《象》曰：**六二之动，直以方也。不习无不利，地道光也。**

承天而动，直以方耳，直方则大矣。直方之义，其大无穷，地道光显，其功顺成。岂习而后利哉？

六三：含章可贞，或从王事，无成有终。

三居下之上，得位者也。为臣之道，当含晦其章美，有善则归之于君，乃可常而得正。上无忌恶之心，下得柔顺之道也。“可贞”谓可贞固守之，又可以常久而无悔咎也。或从上之事，不敢当其成功，惟奉事以守其终耳。守职以终其事，臣之道也。

《象》曰：含章可贞，以时发也。

夫子惧人之守文而不达义也，又从而明之：言为臣处下之道，不当有其功善，必含晦其美，乃正而可常；然义所当为者，则以时而发，不有其功耳。不失其宜，乃以时也，非含藏终不为也。含而不为，不尽忠者也。

或从王事，知光大也。

《象》只举上句解义，则并及下文，他卦皆然。或从王事，而能无成有终者，是其知之光大也。唯其知之光大，故能含晦。浅暗之人有善唯恐人之不知，岂能含章也？

六四：括囊无咎，无誉。

四居近五之位，而无相得之义，乃上下闭隔之时，其自处以正，危疑之地也。若晦藏其知，如括结囊口而不露，则可得无咎，不然则有害也。既晦藏，则无誉矣。

《象》曰：括囊无咎，慎不害也。

能慎如此，则无害也。

六五：黄裳元吉。

坤虽臣道，五实君位，故为之戒云“黄裳元吉”。黄，中色。

裳，下服。守中而居下，则元吉，谓守其分也。元，大而善也。爻象唯言守中居下则元吉，不尽发其义也。黄裳既元吉，则居尊为天下大凶可知。后之人未达，则此义晦矣，不得不辨也。五，尊位也。在他卦，六居五，或为柔顺，或为文明，或为暗弱；在坤，则为居尊位。阴者臣道也，妇道也。臣居尊位，羿、莽是也，犹可言也。妇居尊位，女娲氏、武氏是也，非常之变，不可言也，故有“黄裳”之戒而不尽言也。或疑在革，汤、武之事犹尽言之，独于此不言，何也？曰：废兴，理之常也；以阴居尊位，非常之变也。

《象》曰：黄裳元吉，文在中也。

黄中之文，在中不过也。内积至美而居下，故为元吉。

上六：龙战于野，其血玄黄。

阴从阳者也，然盛极则抗而争。六既极矣，复进不已，则必战，故云“战于野”。野谓进至于外也。既敌矣，必皆伤，故其血玄黄。

《象》曰：龙战于野，其道穷也。

阴盛至于穷极，则必争而伤也。

用六：利永贞。

坤之用六，犹乾之用九，用阴之道也。阴道柔而难常，故用六之道，利在常永贞固。

《象》曰：用六永贞，以大终也。

阴既贞固不足，则不能永终。故用六之道，利在盛大于终，能大于终，乃永贞也。

《文言》曰：坤至柔而动也刚，至静而德方。后得主而有常，含万物而化光。坤道其顺乎！承天而时行。

坤道至柔，而其动则刚；坤体至静，而其德则方。动刚故应乾不违，德方故生物有常。阴之道不倡而和，故居后为得，而主利成万物，坤之常也。含容万类，其功化光大也。"主"字下脱"利"字。坤道其顺乎，承天而时行，承天之施，行不违时，赞坤道之顺也。

积善之家，必有余庆；积不善之家，必有余殃。臣弑其君，子弑其父，非一朝一夕之故，其所由来者渐矣，由辨之不早辨也。《易》曰：履霜，坚冰至，盖言顺也。

天下之事，未有不由积而成。家之所积者善，则福庆及于子孙；所积不善，则灾殃流于后世。其大至于弑逆之祸，皆因积累而至，非朝夕所能成也。明者则知渐不可长，小积成大，辩之于早，不使顺长，故天下之恶无由而成，乃知霜冰之戒也。霜而至于冰，小恶而至于大，皆事势之顺长也。

直其正也，方其义也。君子敬以直内，义以方外，敬义立而德不孤。直、方、大，不习无不利，则不疑其所行也。

"直"言其正也，"方"言其义也。君子主敬以直其内，守义以方其外。敬立而内直，义形而外方。义形于外，非在外也。敬义既立，其德盛矣，不期大而大矣，德不孤也。无所用而不周，无所施而不利，孰为疑乎？

阴虽有美，含之以从王事，弗敢成也。地道也，妻道也，臣

道也。地道无成而代有终也。

为下之道，不居其功，含晦其章美，以从王事，代上以终其事而不敢有其成功也。犹地道代天终物而成功，则主于天也。妻道亦然。

天地变化草木蕃。天地闭，贤人隐。《易》曰：括囊无咎无誉。盖言谨也。

四居上，近君而无相得之义，故为隔绝之象。天地交感，则变化万物，草木蕃盛。君臣相际而道亨。天地闭隔，则万物不遂。君臣道绝，贤者隐遁。四于闭隔之时，括囊晦藏，则虽无令誉，可得无咎，言当谨自守也。

君子黄中通理，正位居体，美在其中，而畅于四支，发于事业，美之至也。

黄中，文居中也。君子文中而达于理，居正位而不失为下之体。五，尊位，在坤则惟取中正之义。美积于中，而通畅于四体，发见于事业，德美之至盛也。

阴疑于阳必战，为其嫌于无阳也，故称龙焉；犹未离其类也，故称血焉。夫玄黄者，天地之杂也。天玄而地黄。

阳大阴小，阴必从阳。阴既盛极，与阳偕矣，是疑于阳也。不相从则必战。卦虽纯阴，恐疑无阳，故称“龙”，见其与阳战也。“于野”，进不已而至于外也。盛极而进不已，则战矣。虽盛极，不离阴类也，而与阳争，其伤可知，故称“血”。阴既盛极，至与阳争，虽阳不能无伤，故其血玄黄。玄黄，天地之色，谓皆伤也。

第五讲 屯卦解说

在讲解屯卦之前，我们再回顾一下卦爻位与卦爻辞是如何建立联系的，这是义理易学的重点内容。六十四卦总共三百八十四爻，爻辞当中很多都有“吉、凶、悔、吝”的判断，这跟爻象、爻位有一定的联系。古人在研习《易传》里的《彖辞》《象辞》基础上，总结形成了一些相对固定的说法，就是所谓乘承比应、中位、正位等原则。

第一个就是“乘承比应”。“乘”是乘驾在上，“承”是在下承接。如果阳爻乘驾阴爻之上、阴爻在下承接阳爻就叫“顺”；如果阴爻乘驾于阳爻之上、阳爻在下承接阴爻叫“逆”。相对来说，“顺”是导致这个爻辞较好的因素之一。“比”是比邻两爻的关系，如果比邻两爻是一阴一阳，就更加亲近，即便是前面说的阴上阳下之“逆”，也比两爻相同要好一些。《周易》六十四卦是由两个八卦组成的，两个八卦相应的位置，上卦的第一爻就是六爻卦中的第四爻，以此类推，初爻与四爻、二爻与五爻、三爻与上爻就构成了

“应”的关系。相应的两爻，如果是一阴一阳，就构成了正应关系；如果是同阴同阳，就是敌应关系。正应相对好一些，敌应则差一些。这是“乘承比应”的说法。

六爻之中，一、三、五奇数位属于阳位，二、四、六偶数位属于阴位，如果阳爻处于阳位、阴爻处于阴位，就叫“正位”，又称“当位”；如果反过来阳爻处阴位、阴爻处阳位就是“不正位”，也叫“不当位”。

“中位”，就是上下两个八卦的中爻，也就是六爻卦的第二爻和第五爻，中位一般来说都是比较吉祥的。《周易》里讲“二与四，同功而异位，其善不同，二多誉，四多惧”，第二个和第四个都是偶数位，功能相同，但是第二爻多是吉祥之事，第四爻多是危险惊惧之事。三与五也是一样，都是阳位，“三多凶，五多功”。第五爻属于上卦的中间，属于君位，爻辞相对较好；第三爻是上下转换的阶段，凶险之辞较多。

前面两个概念合起来，就有“中正”的说法：阴爻处在第二位、阳爻处在第五位，就是“中正”之爻；如果阴爻处在第五位、阳爻处在第二位，就是“中而不正”，但是程颐认为“中重于正”，只要有“中德”，“正”也就附于其中了。这些概念组成了判断一卦之中每一爻的基础，但还要根据“随时变易以从道”的大原则加以灵活运用。我们通过对屯卦的解读来细细体会。

屯卦䷂，是由上坎下震两个八卦组合而成。从第三卦开始，《程传》在注释的时候首先要解释卦名、卦序。《程传》指出：“屯，《序卦》曰：‘有天地，然后万物生焉。盈天地之间者惟万物，故受之以屯。屯者盈也，屯者物之始生也。’万物始生，郁结未通，故为盈塞于天地之间。至通畅茂盛，则塞意亡矣。天地生万物，屯，物之始生，故继乾、坤之后。以二象言之，云雷之兴，阴阳始交也。以二体言之，震始交于下，坎始交于中，阴阳相交，乃成云雷。阴阳始交，云雷相应而未成泽，故为屯；若已成泽，则为解也。又动于险中，亦屯之义。阴阳不交则为否，始交而未畅则为屯。在时，则天下屯难，未亨泰之时也。"

屯卦震下坎上，坎为水，震为雷，在《序卦》当中被称为"有天地，然后万物生焉。盈天地之间惟万物，故受之以屯。屯者盈也，屯者物之始生也"。前面乾为天、坤为地，乾坤两卦之后有天有地了，天和地相互配合。乾有元亨利贞，坤也有元亨利、牝马之贞，两者之间相互配合，天作为决策者，地作为感应者，天地合作，春夏秋冬四时运行，必然会有万物生长，屯就是万物始生、郁结未通、盈塞于天地之间的状态。万物准备要出生了，但是还在充塞着没有突破，就像草要发芽，但还被土壤压着，没顶出来，很艰难，这是郁结未通而又充满生机。也与生孩子类似，十月怀胎一朝分娩，要生还没生出来，非常艰难的过程，既艰难又充满生机充满希望，草木即将破土而出，后面开始健康成长，"至通畅茂盛"，阻塞艰难这个意蕴就没有了。总的来说，屯就是代表万物始生，所以这个卦放在乾坤之后，为第三卦。

"以二象言之，云雷之兴，阴阳始交也。"从两个八卦的卦象来讲，上面的坎卦代表水，水在天上就是云，下面的震卦代表雷，云雷交织、电闪雷鸣，这是阴阳始交的样子。"以二体言之，震始交于下，坎始交于中，阴阳相交，乃成云雷。"从两个八卦的"体"，也就是八卦内部的结构来说，震卦☳的阳爻处在最下位，而坎卦☵的阳爻处在中间，阳爻由下向上移动，阴阳相交有了云雷之象。"阴阳始交，云雷相应而未成泽"，电闪雷鸣，云雷相应，雨要下还没有下，这就是屯卦的基本意象。“若已成泽，则为解也”，如果说雷鸣过后，雨下来了，上震下坎，就是解卦䷧了。雷在上面打，水在下面流，屯难的状况化解了，就是解卦卦名的由来。

“又动于险中，亦屯之义。”这是从八卦的卦德来讲。八卦对应八德，乾卦为刚健之德，坤卦是柔顺之德，乾健坤顺，震为动，坎为险。所以这两个卦一个代表着运动，一个代表着危险，在危险中运动，这也包含着屯难、艰难的意思。古往今来，生儿育女都是典型的“动于险中”的屯难行为，小孩要努力出来，整个过程中母子都很危险，尤其是古人医学不发达，难产率比较高，生孩子就是闯鬼门关，充满希望又具有风险。

“阴阳不交则为否”，阴阳不交，乾卦在上，坤卦在下，天地悬隔就是否卦䷋。“始交而未畅则为屯”，阴阳开始交接而没有畅通，这是屯卦的由来。从卦时来说，“屯”就是天下处于艰难之时，有一点生机和希望，还没有达到亨通安泰。

一、《卦辞》《彖辞》《象辞》释义

1.《卦辞》

屯：元亨，利贞。勿用有攸往，利建侯。

乾卦讲元、亨、利、贞，讲天道运行，春夏秋冬；坤卦讲元、亨、利、牝马之贞，也是讲天地相合、四时运行、万物生发。元、亨、利、贞这四个字，在乾坤两卦里面都是分开读，一个字一个意思。程颐根据《彖辞》的讲法，在这一卦将元亨、利贞连读，元亨解读为“大亨”、至为亨通，“利贞”解释为利于守持正固。《程传》指出：“屯有大亨之道，而处之利在贞固。非贞固何以济屯？”屯有达到至为亨通的可能性，但处在艰屯之时，守持正固才是有利的。如果不守持正固，怎么能够渡过屯难之时呢？程颐又进一步解释：“方屯之时，未可有所往也。天下之屯，岂独力所能济？必广资辅助，故利建侯也。”在艰难之时不要想着冒进，天下的艰难不是一个人能够去解决的，所以“利建侯”，必然要广泛地取得辅助，利用封建诸侯，把干部队伍、人才队伍培养好、训练好、储备好，这是渡过难关最重要的资本。如刘备在屯难之时，要刘关张三结义，三顾茅庐找诸葛亮，做好人才的储备。

2.《彖辞》

《彖》曰：屯，刚柔始交而难生，动乎险中。大亨贞，雷雨之动满盈。天造草昧，宜建侯而不宁。

“屯，刚柔始交而难生，动乎险中”，从云、雷这两个卦象来说，是刚与柔刚开始相交。从坎、震这两卦的卦体来说，是动于险中。刚柔刚开始相交，还未能通畅，是屯难的含义。“大亨贞，雷雨之动满盈。”《程传》解释说：“所谓‘大亨’而‘贞’者，‘雷雨之动满盈’也。阴阳始交，则艰屯未能通畅；及其和洽，则成雷雨，满盈于天地之间，生物乃遂，屯有大亨之道也。所以能大亨，由夫贞也。非贞固安能出屯？人之处屯，有致大亨之道，亦在夫贞固也。”所谓“大亨”而且“贞”，就是说阴阳刚开始相交的时候，是艰屯而未能畅通的；等到和洽的时候，就形成了雷雨，充满于天地之间，万物得以顺利生长，这就是当前的艰屯有望达到非常亨通和谐的前景。之所以能走向亨通，是由于在艰难时期都能够保持正固，坚守原则。如果不是能够守正之人，如何能够走出艰难呢？

“天造草昧，宜建侯而不宁。”天造就是时运。草，代表着杂乱无序的样子。昧，即冥昧不明。在这个时间，宜建立辅助，可以渡过艰难，天下的艰难不是一个人可以渡过的，一定要有帮手。但是什么叫“不宁”呢？虽有辅助了，自己也不能不管不问，要“忧勤兢畏，不遑宁处”，不能完全当甩手掌柜。齐桓公有段时间就喜欢当甩手掌柜，别人给他汇报工作，他总是说“此事请找管子”，还感叹说，治理国家有像我这么容易的吗？每天只要说同一句话就可以称霸天下。但这么做当然有后患，管子、鲍叔牙等忠臣去世以后，齐桓公就慌了神，无人可用，也不知道怎么用，后来奸臣作乱，自己被困饿而死。所以“虽建侯自辅”，自己也不能够放任不管，还是要以戒慎恐惧之心去认真工作。

3.《大象辞》

《象》曰：云雷屯，君子以经纶。

六十四卦的《大象辞》是通过上下两个卦的推论，得出一个君子进德修业的原则。屯卦讲的是君子要未雨绸缪。屯卦由上坎下震组合而成，坎卦在这里不说是雨水，而说是云，因为云是未形成的雨，乌云密布，雨水未成，所以是艰屯。《程传》释云：“君子观屯之象，经纶天下之事，以济于屯难。”“经”是织布时的纵丝，引申为经纬、治理；“纶”是青丝绳，引申为编织。“经纶”在这里是经营、作为的意思。君子观察这个雷声隆隆、乌云密布的景象，知道暴雨将至，就要有所准备、未雨绸缪，跟前面坤卦初六讲的“见微知著”是一个意思。

二、爻辞释义

“卦者事也，爻者事之时也”，本卦六个爻就代表着六种场景。先看初爻。

1. 在下位的刚明之才如何渡过艰险困局

初九：磐桓，利居贞，利建侯。《象》曰：虽磐桓，志行正也。以贵下贱，大得民也。

初九，代表最下面的一爻是阳爻，其爻辞是“磐桓，利居贞，利建侯”。磐桓就是踱步、徘徊不进，引申有反复思考、审时度势的意思，在这个时候就利于守持正固，利于分封诸侯、寻求辅佐之才。直接从字面上讲，大致就是这个意思。但是这跟此卦的主旨、初九的爻位有什么关系？《周易》本身是一个由阴阳爻组成的符号系统，爻位要跟爻辞能够建立联系，这是古今各家释易的通例。所以《程传》在解释这一爻辞的时候，先讲：“初以阳爻在下，乃刚明之才，当屯难之世，居下位者也。”初九爻是阳爻居阳位，可以引申比喻为屯难之世处于下位的刚明之才。在艰难之世，有才华、有胆识但没有领导职位，不能立刻带领大家渡过艰难，但他也不会无所作为。“未能便往济屯，故磐桓也。方屯之初，不磐桓而遽进，则犯难矣，故宜居正而固其志。凡人处屯难，则鲜能守正。苟无贞固之守，则将失义，安能济时之屯乎？”这一类人，在艰屯之时要守持正固、坚守心志，立定高远的目标、审时度势，不消极、不冒进，仔细思考、反复权衡。普通人处在屯难之时，容易躁动，莽撞行事导致失败。如果在艰难之时没有守持正固的操守，必然会违背道义，还怎么能够引领大众渡过艰难时运呢？如果能“居正而固其志”，下一步就是寻求辅佐之才。“居屯之世，方屯于下，所宜有助，乃居屯济屯之道也。故取建侯之义，谓求辅助也。”刚明之才处在屯难之时、低下之位，就应当寻求辅佐者通力合作，这是居于艰难、渡过艰难之时的基本原则。所以爻辞里面说“利建侯”，就是要寻求辅佐者、寻求帮手。

初九爻的《象辞》是“虽磐桓，志行正也。以贵下贱，大得民也”。《程传》解释说：“贤人在下，时苟未利，虽磐桓未能遂往济时之屯，然有济屯之志与济屯之用，志在行其正也。”贤人处于下位，如果时运不利，不能立刻解决困难，但有解决艰屯时局的志向和能力，其心志也在于行其正道，将来必然有所成功。“九当屯难之时，以阳而来居阴下，为以贵下贱之象。方屯之时，阴柔不能自存，有一刚阳之才，众所归从也。更能自处卑下，所以大得民也。”初九爻处于艰难的时运中，作为阳爻而居于阴爻之下，是尊贵者处于阴柔者之下的表象。当屯难的时候，阴柔者不能自保，有一个阳刚的人才在身边出现，即便暂时处于下位，也是众望所归。

例如，周文王最初只是守着一个方圆百里的小地盘，那个时候他就礼贤下士，得到大批贤人的辅助，伯夷、叔齐在孤竹国听说文王善于养老，就来归附，姜子牙、散宜生、辛甲也都来辅佐他，这就是守持正固而广资辅助。晋公子重耳是晋献公的儿子，经过骊姬之乱而流亡国外，在这个艰难之时，他就开始养门客，很多人才都去辅佐他，最终克服艰难，借秦国之力回国为君，就是历史上的晋文公，“春秋五霸”之一。三国时期的刘备，在势力单薄的时候，寻求到关羽、张飞、赵云、诸葛亮等人的帮助，最后占据巴蜀，形成三足鼎立。这都是艰难之时要稳扎稳打、审时度势、广资辅助。

在新冠疫情的前期，武汉有个快递小哥汪勇，冒着被感染的危险，在隔离救治新冠病人的金银潭医院附近接送医护人员。后来各地医疗队来了，但是后勤保障困难，汪勇又挺身而出，通过网络联系志愿者，主动想办法，汪勇说：“驰援武汉的医疗队是我们的‘救命恩人’，政府给他们安排得有饭吃、有地儿住，但细枝末节不一定照顾得到，我们可以查漏补缺，尽我所能不亏待他们。”他非常积极，主动查漏补缺，建了很多微信群，发动志愿者送饭菜、解决交通问题，缺什么就做什么，不是等着上级的安排，而是组织队伍主动去联系。这就和屯卦初九爻的情况有点像，一个普通人突然就显示出他的阳刚之德，团结众人、广资辅助，做出了很大的贡献。

屯卦是讲艰难又充满生机希望的状态，但这个世界上有很多种艰难，每个艰难都不尽相同。所以，《周易》就用六爻来列举六种不同时机、不同位置的艰难状态，探讨君子的立身处世之道。这一爻讲的就是刚明之才处于低下之位，应该如何为渡过艰难、焕发生机做准备。后面五爻所代表的时位各有不同。

2. 身处险境、守道不回的人如何渡过艰难

六二：屯如邅如，乘马班如，匪寇婚媾。女子贞不字，十年乃字。《象》曰：六二之难，乘刚也。十年乃字，反常也。

“屯如邅如，乘马班如，匪寇婚媾。女子贞不字，十年乃字。”屯是艰难，邅是回旋不进，“屯如邅如”，意为时运艰难之时，回旋不进的样子。“班如”是下马，是人和马并列“排班”；“乘马”是人马一体，“乘马班如”就是一会儿上马，一会儿下马，体现出徘徊不进的焦虑之态。“匪寇婚媾”，意为如果没有受到盗寇的逼迫，就会结婚了。“字”，上古时期男子二十岁时要举行冠礼，并请有德之人给取一个“字”，代替其“名”。而女子许嫁之时，要举行“及笄”之礼，同时也要取个“字”，所以用“字”来表示女子之许嫁。“女子贞不字，十年乃字”，就是此女子坚持正固，不嫁不合适的人，等待十年之后才嫁可嫁之人。如果从字面上翻译，大致就是这个意思，但这样讲不出什么君子进德修业的道理。

在《程传》中，程颐首先还是分析爻位，“二以阴柔居屯之世，虽正应在上，而逼于初刚，故屯难”。六二是阴爻居中位，如果不在屯卦这个状态，六二上应九五，都是既中又正，应该很好。但在屯难的大环境之中，居中位也难以摆脱困局，虽然正应在上，但距离遥远，被旁边的初九阳爻所逼迫，“欲从正应，而复班如，不能进也”，六二爻心有余而力不足，想上马出发寻求九五之正应，但又被初九之寇拉下马，进退两难，所以六二爻也离不开屯难。但是，“二当屯世，虽不能自济，而居中得正，有应在上，

不失义者也”。六二是阴爻，代表阴柔之才、无刚明之勇，自己没法渡过艰难时局，但居中位、有正应，在屯难时局之中不失道义象征。

“然逼近于初。阴乃阳所求，柔者刚所陵，柔当屯时，固难自济，又为刚阳所逼，故为难也。设匪逼于寇难，则往求于婚媾矣。”六二和初九离得太近，阴是阳所需求的，柔弱者是阳刚者所要欺凌的。一个柔弱之人在屯难状态难以自济，又被刚强的坏人所欺凌，当然就更加困难。六二是阴爻居中位，《周易》中就用一个守节女子来比喻。如果不是初九爻的寇贼来要挟她，那么她就能找到九五爻她心仪的丈夫，完成婚姻。但是初九侵逼在侧，此女子进退两难，应该怎么办呢？程颐说：“二守中正，不苟合于初，所以不字。苟贞固不易，至于十年，屯极必通，乃获正应而字育矣。”代表六二爻的女子有中正的品德，即便没法去和九五正应相合，也不愿意跟初九苟合，如果能够坚持原则，坚守十年，耐心等待，就会“屯极必通”，获得正应，获得爱情，成立家庭，养育后代。

程颐据此阐发君子在艰难困局中应有的人生态度：“以女子阴柔，苟能守其志节，久必获通，况君子守道不回乎？”这是义理易学的关键，由卦爻位推导出卦爻辞的含义，然后再引申到君子立身行事之道。一个传统农耕社会的女子，坚守志向，久必获通，那么君子守道不回、坚守原则，随着时间推移，君子道长、小人道消，以坚忍耐心等待正义力量的壮大，就可渡过艰险时局。著名戏剧家梅兰芳，抗战的时候留在了北平，日本人逼他出来唱戏、粉饰太平，梅兰芳一个柔弱之人，没法拿枪对抗，但他选择不合作，本来是演旦角的，却开始留胡子，蓄须明志，表明自己不唱戏了。这也是守道不回，处柔弱之势守其志节，久必获通。

在这一爻的最后，《程传》又提出了“随时取义”的重要解释原则。“初为贤明刚正之人，而为寇以侵逼于人，何也？曰：此自据二以柔近刚而为义，更不计初之德如何也。《易》之取义如此。”前面分析初九爻辞的时候，说初九爻是处于下位的贤明刚正之人，到了六二爻，又把初九讲成逼婚者。程颐讲这是移步换景，此处只是根据六二与初九以柔近刚而言，以第二爻为中心来看诸爻的相互关系，就“不计初之德如何也”，《周易》取义都是这样，随时取义。

此爻《象辞》：“六二之难，乘刚也。十年乃字，反常也。”《程传》指出，十乃是数字的终结，代表时间长久，“六二居屯之时，而又乘刚，为刚阳所逼，是其患难也。至于十年，则难久必通矣，乃得反其常，与正应合也”。六二爻居于艰难之时，又居于阳爻之上，被阳刚之爻逼迫，处于患难之中，但只要能坚守待援，物极必反，困久必通，就可以返回其常态，摆脱困境。

3. 刚强妄动之人在屯难中的遭遇

> 六三：即鹿无虞，惟入于林中。君子几不如舍，往吝。《象》曰：即鹿无虞，以从禽也。君子舍之，往吝穷也。

六三爻辞讲的是一个打猎的故事。“即”有追逐之意，“虞”是上古时期掌管山泽的官吏，可以在林中，不会迷路。“即鹿无虞”指看到了一头鹿，很想得到它，但鹿已遁入山林，想逐鹿却没有虞人的引导。这时候如果利欲熏心，盲目冒进，必然是在丛林中迷失方向。所以君子看到事情的几微，机会渺茫，就要果断舍弃，如果一意孤行、坚持前往，就会陷入险境。

《程传》还是从爻位开始分析。“六三以阴柔居刚，柔既不能安屯，居刚而不中正，则妄动。虽贪于所求，既不足以自济，又无应援，将安之乎？如即鹿而无虞人也。入山林者，必有虞人以导之，无导之者，则惟陷入于林莽中。君子见事之几微，不若舍而勿逐，往则徒取穷吝而已。”六三是阴爻处在第三阳刚之位，柔弱之人本来就不能够安处艰难之中，而六三爻的柔弱之人又居于阳刚之位，不中不正、以柔居刚，必然是一个急躁妄动者。他对于能看到的利益都非常想得到，有贪婪之心，但没有能力，非常躁动、又没应援。第三爻对应的第六爻也是阴爻，六三对上六，是敌应，没有人去拉他，那如何能够安处呢？这就像看到一头鹿就想捕获，但没有向导指引，就盲目地进入了一片原始森林，当然会陷入迷路的困局。六三爻代表不中不正、躁动贪婪、也没人帮他或者说别人帮不了他的一类人，本来没有摆脱困局的可能性。但《周易》从正面立义，加了一句“君子几不如舍，往吝”，说如果是个君子，就要知所进退、知所取舍，对于付出代价更大、成功可能性很小的机会，要学会放弃，一意孤行就会徒招困窘。

窈窕淑女，君子好逑，见到一个很美的同龄人，心动是很自然的，但是动了心之后要掂量掂量自己有没有实力、才华等条件，如果没有具足，不如放下心思，好好学习，充实自己，不知舍弃就会出现“往吝”的局面。有一些企业界的投资者也是这样，手中有点钱，就到处找机会投资，觉得钱如果不能生钱就很烦躁，看哪一个项目，都觉得有点机会，但又没有把握，这边投一点那边投一点，最后越投钱越少，这都是贪婪、躁动、上无应援带来的恶果。

《程传》对于《象辞》的解释与前面是一个意思，“事不可而妄动，以从欲也。无虞而即鹿，以贪禽也。当屯之时，不可动而动，犹无虞而即鹿，以有从禽之心也。君子则见几而舍之不从，若往则可吝而困穷也”。不可如此行事但还是轻举妄动，是因为贪欲战胜了理智；没有向导引导而去猎鹿，是因为贪图猎物。君子则能见到事物发展的隐微征兆而果断放弃，如果一意孤行就是自取其辱。

4. 有谦柔之德、居高位而才华不足的人如何渡过屯难

六四：乘马班如，求婚媾。往吉，无不利。《象》曰：求而往，明也。

爻辞从字面上理解，一个人上马准备出发，但犹豫了一下又下马，下马之后求婚姻，求到婚姻之后，两人齐心前往突破屯难，就很吉祥，无不利。下面再分析一下此爻的特点。六四是阴爻居于阴位，又邻近于君位的九五爻，所以程颐将其比喻为身处近君之高位，有柔顺之德、无刚明之才的人，这种人如何渡过屯难呢？《程传》释云：“六四以柔顺居近君之位，得于上者也，而其才不足以济屯，故欲进而复止，‘乘马班如’也。己既不足以济时之屯，若能求贤以自辅，则可济矣。”六四是得到领导赏识、品德很好但才华不足的人，难以独立解决目前的屯难，但职责所在，想去解决而又徘徊不前，这就是“乘马班如”，上马想要向前，又下马停止。自己不足以渡过时运的艰难，如果能寻求贤才来辅佐自己，就可以解决困难了。那谁是贤人呢？“初阳刚之贤，乃是

正应，己之婚媾也。若求此阳刚之婚媾，往与共辅阳刚中正之君，济时之屯，则吉而无所不利也。”初九爻是阳刚的贤人，乃是六四的正应，比喻成自己的婚嫁对象。如果能寻求这个有才华的阳刚君子，与其向前共辅阳刚中正的君主，渡过时运的艰难，就是吉而且无所不利的。程颐又进一步发挥：“居公卿之位，己之才虽不足以济时之屯，若能求在下之贤亲而用之，何所不济哉？”居于公卿的地位，自己的才能虽然不足以渡过时运的艰难，但如果能放下面子，广求天下的贤才，什么困难都可以渡过。

《象辞》“求而往，明也”，是进一步阐明上述的道理。《程传》解释说：“知己不足，求贤自辅而后往，可谓明矣。居得致之地，己不能而遂已，至暗者也。”肩负重任的王公大臣，知道自己能力不足，求贤人来辅佐自己，然后共克时艰，可以说是明智了。居于能招致天下贤能的地位，却刚愎自用，是最为昏庸的人了。

5. 孤立无援的刚明之君如何渡过屯难

九五：屯其膏，小贞吉，大贞凶。《象》曰：屯其膏，施未光也。

古人有一个讲法，六爻之中，初爻为士民，二爻为卿大夫，三爻为诸侯，四爻为三公近臣，五爻为天子，上爻为太上皇。这是阳爻居于第五爻，所以《程传》说：“五居尊得正，而当屯时，若有刚明之贤为之辅，则能济屯矣。以其无臣也，故屯其膏。人君之尊，虽屯难之世，于其名位，非有损也。唯其施为有所不行，德泽有所不下，是屯其膏，人君之屯也。”九五爻居于尊位，阳爻居阳位，代表居于中正之位的君王，在屯难时，如果有刚明的贤臣作为辅助，当然可以渡过艰险。但整个屯卦只有两个阳爻，初九和九五，其他都是阴爻，与其相应的第二爻也是阴爻，在屯难之时，不谈两者的阴阳正应，而需要刚明之君与刚明之臣的强强联合才行。所以，本爻代表刚明之君无刚明之臣的辅佐，孤军奋战。“屯其膏”就是屯聚了君王的膏泽恩惠，难以普施于下。君王的艰难不是说有丢掉大位的危险，古代家天下，君王再艰难，名位犹存，但是施政方略很难推行，因为周围的人才不具备，他的恩德很难让人民去享受。

为什么君王的恩惠不能普施于下？《程传》指出，“既膏泽有所不下，是威权不在己也”。关键是威权不在己，自己被周围的权臣、利益集团架空了。君王如何走出这种困境呢？就要贯彻爻辞里面“小贞吉，大贞凶”的原则。程颐解释说：“威权去己，而欲骤正之，求凶之道，鲁昭公、高贵乡公之事是也。故小贞则吉也。小贞谓渐正之也。若盘庚、周宣修德用贤，复先王之政，诸侯复朝，盖以道驯致，为之不暴也。又非恬然不为，若唐之僖、昭也，不为则常屯，以至于亡矣。”威权被下面的权臣把持，一定是日积月累、长时间形成的，权臣已经有一个庞大的利益集团，才敢架空君权，这时候骤然扳正，是自求凶险的做法，鲁昭公、高贵乡公就是这样的。鲁昭公是春秋末期鲁国的君主，这时候鲁国由季孙氏、仲孙氏、孟孙氏三个家族把持朝政，国君被架空了。鲁昭公急于改变这种状况，就出兵讨伐季氏，最后被三个家族联合起来反攻，他只好逃跑到了齐国，这就是“大贞凶”。高贵乡公曹髦是魏文帝曹丕的孙子，他当皇帝的时候，国家权力都被司马氏把持，曹髦孤愤难平，就贸然出手，去讨伐司马氏，结果被司马家的爪牙贾充、成济刺死军中，这是“大贞凶”的例子。就像《坤卦·文言》中孔子所感叹的，“臣弑其君，子弑其父，非一朝一夕之故，其所由来者渐矣”，这个艰难的局面不是一天形成的，是逐渐积累的，就像一个人身体得病了，病来如山倒，病去如抽丝，疾病的恢复是一个慢慢调养的过程，不能一蹴而就。

什么叫“小贞吉”？就是渐渐的改革、改正是吉的。盘庚是商代的一个君王，商代诸王曾屡次迁都，因为在一个地方待久了，贵族们就形成了自己的势力，盘踞起来，不利于王的统治。盘庚想改变这种局面，但是如果把既得利益者都砍掉或者抓起来关到监狱里边，这肯定不行。他就用迁都的办法，把既得利益者在无形当中消解，形成一个新的稳定格局。这样慢慢改、很巧妙地改，是“小贞吉”。周宣王是西周末期的一个王，他在周厉王之乱、国人暴动之后即位，当时国运艰难，人心不稳，他起用周公、召公来辅佐自己，慢慢改革调整，励精图治，诸侯又来朝贡，终成“宣王中兴”局面，这也是“小贞吉”。但小贞并不是无所作为，渐变不是不变，小贞不是不贞。唐僖宗是唐代末期的皇帝，唐朝发展到僖宗时，积弊甚深，而僖宗对于颓败的政局没有任何作为，每天在皇宫里沉迷享乐，聚众踢球，这样当然不行。僖宗之时，黄巢起义爆发，到末代皇帝昭宗时积弊已深，最后唐朝走向灭亡。总而言之，膏泽有所不下的困局想很快有所改变比较危险，不变更危险，要很巧妙地、四两拨千斤地改变局面。

《象辞》:“屯其膏，施未光也。”《程传》释云:“膏泽不下及，是以德施未能光大也，人君之屯也。”恩泽不能及于下民，所以其德行不能光大，这是人君的屯难。

6. 无法解决的屯难之境

上六：乘马班如，泣血涟如。《象》曰：泣血涟如，何可长也！

上六爻以阴柔之爻居于屯难的终极，是险难的极点，而且六三爻与上六又形成敌应关系，所以《程传》说：“六以阴柔居屯之终，在险之极，而无应援，居则不安，动无所之，乘马欲往，复班如不进，穷厄之甚，至于泣血涟如，屯之极也。若阳刚而有助，则屯既极可济矣。”这一爻所代表的是柔弱无援、进退维谷的一类人，他们停下来无法安定，行动又无处可逃，上马无处可去，下马难以立身，穷困到了极点，哭嚎以至于眼睛连绵不断地流出血来，这是艰难到了极点。如果是阳刚之人，又有应援，那么困难到了极点之后就可以渡过了。程颐又对《象辞》进一步解释说：“屯难穷极，莫知所为，故至泣血。颠沛如此，其能长久乎？”屯难到了极点，完全不知道如何应对，这类人走入了死局，最后艰难之极、伤心至极，哭出了血也没有办法解决。

在本卦的最后，程颐有一段对《周易》解释体例的概括，非常关键：“夫卦者事也，爻者事之时也。分三而又两之，足以包括众理，引而伸之，触类而长之，天下之能事毕矣。”六十四卦每一卦说的是君子立身行事的一种特定状态，每一爻说的是此事发展的不同时机，或不同的时空状态。一卦有上下两个单卦，每个单卦又有三爻，这样就足以包括所有道理了。又由此引申，根据事类而推演，天下的事情就都被穷尽了。比如屯卦讲的是艰难当中蕴含着希望，而六爻是寻求解决屯难的六种情况，或者说六种不同位置的人在不同的时位该如何去渡过艰难、孕育希望。六爻列举了六种情况，但天下的艰难、屯难不是仅仅有这六种，后边就是要根据这几个案例引申类推，举一反三，“天下之能事毕矣”，天下应变、解难之理就可以穷尽了。

由此可见，《周易》是儒家的经典，其旨趣还是要归向“修齐治平”之道。与《论语》《孟子》《大学》《中庸》等书不同，《周易》教导君子在修身、齐家、治国之中非常具体的处理问题、进德修业的方法。乾卦讲处于“君位”的管理原则、成长状态、处事方法；坤卦讲“臣位”的管理原则、君臣关系、基本素养等；屯卦则讲在屯难始生之时，在各种不同社会关系结构中的君子该如何走出艰难、孕育生机。把《周易》六十四卦、三百八十四爻包含的智慧都认真琢磨体会，触类旁通，做人做事就会进退自如、游刃有余。

附:《周易程氏传》原文

屯卦

䷂ **震下坎上**

屯，《序卦》曰:“有天地，然后万物生焉。盈天地之间者惟万物，故受之以屯。屯者盈也，屯者物之始生也。”万物始生，郁结未通，故为盈塞于天地之间。至通畅茂盛，则塞意亡矣。天地生万物，屯，物之始生，故继乾、坤之后。以二象言之，云雷之兴，阴阳始交也。以二体言之，震始交于下，坎始交于中，阴阳相交，乃成云雷。阴阳始交，云雷相应而未成泽，故为屯；若已成泽，则为解也。又动于险中，亦屯之义。阴阳不交则为否，始交而未畅则为屯。在时，则天下屯难，未亨泰之时也。

屯：元亨，利贞。勿用有攸往，利建侯。

屯有大亨之道，而处之利在贞固。非贞固何以济屯？方屯之时，未可有所往也。天下之屯，岂独力所能济？必广资辅助，故利建侯也。

《彖》曰：屯，刚柔始交而难生，动乎险中。

以云雷二象言之，则刚柔始交也。以坎震二体言之，动乎险中也。刚柔始交，未能通畅，则艰屯，故云“难生”。又动于险中，为艰屯之义。

大亨贞，雷雨之动满盈。

所谓“大亨”而“贞”者，“雷雨之动满盈”也。阴阳始交，则艰屯未能通畅；及其和洽，则成雷雨，满盈于天地之间，生物乃遂，屯有大亨之道也。所以能大亨，由夫贞也。非贞固安能出屯？人之处屯，有致大亨之道，亦在夫贞固也。

天造草昧，宜建侯而不宁。

上文言天地生物之义，此言时事。“天造”谓时运也。草，草乱无伦序。昧，冥昧不明。当此时运，所宜建立辅助，则可以济屯。虽建侯自辅，又当忧勤兢畏，不遑宁处，圣人之深戒也。

《象》曰：云雷屯，君子以经纶。

坎不云“雨”而云“云”者，云为雨而未成者也。未能成雨，所以为屯。君子观屯之象，经纶天下之事，以济于屯难。经纬，纶缉，谓营为也。

初九：磐桓，利居贞，利建侯。

初以阳爻在下，乃刚明之才，当屯难之世，居下位者也。未能便往济屯，故磐桓也。方屯之初，不磐桓而遽进，则犯难矣，故宜居正而固其志。凡人处屯难，则鲜能守正。苟无贞固之守，则将失义，安能济时之屯乎？居屯之世，方屯于下，所宜有助，乃居屯济屯之道也。故取建侯之义，谓求辅助也。

《象》曰：虽磐桓，志行正也。

贤人在下，时苟未利，虽磐桓未能遂往济时之屯，然有济屯之志与济屯之用，志在行其正也。

以贵下贱，大得民也。

九当屯难之时，以阳而来居阴下，为以贵下贱之象。方屯之时，阴柔不能自存，有一刚阳之才，众所归从也。更能自处卑下，所以大得民也。或疑方屯于下，何有贵乎？夫以刚明之才而下于阴柔，以能济屯之才而下于不能，乃以贵下贱也。况阳之于阴，自为贵乎？

六二：屯如邅如，乘马班如，匪寇婚媾。女子贞不字，十年乃字。

二以阴柔居屯之世，虽正应在上，而逼于初刚，故屯难。邅，回；如，辞也。乘马，欲行也。欲从正应，而复班如，不能进也。班，分布之义。下马为班，与马异处也。二当屯世，虽不能自济，而居中得正，有应在上，不失义者也，然逼近于初。阴乃阳所求，柔者刚所陵，柔当屯时，固难自济，又为刚阳所逼，故为难也。设匪逼于寇难，则往求于婚媾矣。婚媾，正应也。寇，非理而至者。二守中正，不苟合于初，所以不字。苟贞固不易，至于十年，屯极必通，乃获正应而字育矣。以女子阴柔，苟能守其志节，久必获通，况君子守道不回乎？初为贤明刚正之人，而为寇以侵逼于人，何也？曰：此自据二以柔近刚而为义，更不计初之德如何也。《易》之取义如此。

《象》曰：六二之难，乘刚也。十年乃字，反常也。

六二居屯之时，而又乘刚，为刚阳所逼，是其患难也。至于十年，则难久必通矣，乃得反其常，与正应合也。十，数之终也。

六三：即鹿无虞，惟入于林中。君子几不如舍，往吝。

六三以阴柔居刚，柔既不能安屯，居刚而不中正，则妄动。虽贪于所求，既不足以自济，又无应援，将安之乎？如即鹿而无虞人也。入山林者，必有虞人以导之，无导之者，则惟陷入于林莽中。君子见事之几微，不若舍而勿逐，往则徒取穷吝而已。

《象》曰：即鹿无虞，以从禽也。君子舍之，往吝穷也。

事不可而妄动，以从欲也。无虞而即鹿，以贪禽也。当屯之时，不可动而动，犹无虞而即鹿，以有从禽之心也。君子则见几而舍之不从，若往则可吝而困穷也。

六四：乘马班如，求婚媾。往吉，无不利。

六四以柔顺居近君之位，得于上者也，而其才不足以济屯，故欲进而复止，“乘马班如”也。己既不足以济时之屯，若能求贤以自辅，则可济矣。初阳刚之贤，乃是正应，己之婚媾也。若求此阳刚之婚媾，往与共辅阳刚中正之君，济时之屯，则吉而无所不利也。居公卿之位，己之才虽不足以济时之屯，若能求在下之贤亲而用之，何所不济哉？

《象》曰：求而往，明也。

知己不足，求贤自辅而后往，可谓明矣。居得致之地，己不能而遂已，至暗者也。

九五：屯其膏，小贞吉，大贞凶。

五居尊得正，而当屯时，若有刚明之贤为之辅，则能济屯矣。以其无臣也，故屯其膏。人君之尊，虽屯难之世，于其名位，非有损也。唯其施为有所不行，德泽有所不下，是屯其膏，人君之屯也。既膏泽有所不下，是威权不在己也。威权去己，而欲骤正之，求凶之道，鲁昭公、高贵乡公之事是也。故小贞则吉也。小贞谓渐正之也。若盘庚、周宣修德用贤，复先王之政，诸侯复朝，盖以道驯致，为之不暴也。又非恬然不为，若唐之僖、昭也，不为则常屯，以至于亡矣。

《象》曰：屯其膏，施未光也。

膏泽不下及，是以德施未能光大也。人君之屯也。

上六：乘马班如，泣血涟如。

六以阴柔居屯之终，在险之极，而无应援，居则不安，动无所之，乘马欲往，复班如不进，穷厄之甚，至于泣血涟如，屯之极也。若阳刚而有助，则屯既极可济矣。

《象》曰：泣血涟如，何可长也！

屯难穷极，莫知所为，故至泣血。颠沛如此，其能长久乎？夫卦者事也，爻者事之时也。分三而又两之，足以包括众理，引而伸之，触类而长之，天下之能事毕矣。

第六讲 蒙卦解说

蒙卦䷃，坎下艮上，《周易程氏传》首先探讨卦序问题，分析蒙卦为什么放在屯卦的后面。《序卦》曰："'屯者盈也，屯者物之始生也。物生必蒙，故受之以蒙。蒙者蒙也，物之稚也。'屯者物之始生，物始生稚小，蒙昧未发，蒙所以次屯也。"《序卦传》说，"屯"的意思是盈满，代表着事物刚开始生发的阶段。事物刚出生必定是懵懂、蒙昧的，因此接下来是蒙卦。"蒙"是蒙昧，指万物幼稚的状态。幼稚弱小者必然是蒙昧而没有得到启发的，所以蒙卦在屯卦之后。

《程传》后面又讨论了卦名的由来及其含义："为卦，艮上坎下。艮为山，为止；坎为水，为险。山下有险，遇险而止，莫知所之，蒙之象也。水必行之物，始出未有所之，故为蒙。及其进，则为亨义。"蒙卦的卦形是坎下而艮上。在八个基本卦象里面，艮代表山，坎代表水。在八种德行里边，艮有安止之德，坎有险峻之意。把两个八卦结合起来看，就是山下有危险，遇险只能停下来。前有大河，后有高山，进退都不行，不知道下一步怎么办，就是蒙卦之象了。水从山上来，必然会前进流淌，刚开始不知道怎么办，处于“蒙”的状态，但随着水聚集增多，必然会冲击前进，“蒙”之后必然走向亨通。

一、《卦辞》《彖辞》《象辞》释义

1.《卦辞》

蒙：亨，匪我求童蒙，童蒙求我。初筮告，再三渎，渎则不告。利贞。

《程传》释云：“蒙有开发之理，亨之义也。卦才时中，乃致亨之道。六五为蒙之主，而九二发蒙者也。‘我’谓二也。二非蒙主，五既顺巽于二，二乃发蒙者也，故主二而言。‘匪我求童蒙，童蒙求我’：五居尊位，有柔顺之德，而方在童蒙，与二为正应，而中德又同，能用二之道以发其蒙也。二以刚中之德在下，为君所信向，当以道自守，待君至诚求己，而后应之，则能用其道，匪我求于童蒙，乃童蒙来求于我也。筮，占决也。‘初筮告’，谓至诚一意以求己则告之。再三则渎慢矣，故不告也。发蒙之道，利以贞正；又二虽刚中，然居阴，故宜有戒。”

蒙的字面意思是蒙昧，既然处在蒙昧状态，那启蒙、开蒙则是必然的事情了，所以蒙卦重在讲启蒙之道。从启蒙这个角度来讲，则必然是亨通的，所以卦辞的第一个字就是“亨”。蒙卦的才能性质适时而且中正，这是导致亨通的理由。在这一卦中，有四个阴爻代表处于蒙昧状态、需要被启蒙的学生，而两个阳爻则代表承担启蒙责任的师长。这六个爻之中，又以九二爻和六五爻最关键。六五爻是尚未开蒙、需要启蒙的君主，而九二爻则是可以启发君王蒙昧的刚明之臣。卦辞中的“我”指的是九二爻，虽然不是蒙卦之主，但处于主要地位的六五爻顺从、求教于九二爻，因此九二爻乃是启发蒙昧之大臣、师长。

从文字上分析蒙卦卦辞，似乎是讲儿童的启蒙教育，但是从整个卦的解释来说，《程传》的重点是阐释如何发天下之蒙、发君王之蒙，此卦最关键的两个爻，是六五和九二。前面我们讲过，一个卦之中，九五对六二是既中又正，这样最好。这卦里面是六五对九二，中而不正。但是程颐提出“中则不违于正，正不必中也”，有中了也就必然包括了正，中重于正。所以，用九二爻的帝王师教化六五爻的君王如何齐家治国，这是蒙卦的关键。六五爻是阴爻居尊位，象征着一个柔弱、懵懂、愿意学习的君王。而九二爻代表着一个刚明的、能够教化君王的臣子、师长。五爻之君有柔顺之德，与九二之臣是阴阳正应，又同是居中。九二之臣能启发君王的蒙昧、开启修身治国的智慧，这有点像姜子牙和周武王、诸葛亮和刘备的关系。通读《周易程氏传》，你会发现程颐非常喜欢发挥“六五爻与九二爻”相应的关系，而不是着重地讨论“九五对六二”，这是因为九五刚明之君对六二柔顺之臣，是一个理想化的模型，在现实中很少碰到。在宋代读书人的心目中，更需要不太明智的君王柔顺一点，能够倾听饱学鸿儒的意见，实现君臣共治、君臣分权。通过发挥六五与九二的关系，给士大夫争取齐家治国的发言权。

在六五君位的学生与九二臣位的师长之间，还要贯彻“匪我求童蒙，童蒙求我”的原则。古人讲“礼闻来学，不闻往教”，九二爻有刚健中正的德行而处于下位，为君主所信任，应当坚守其道，等待君主以至诚之心向自己求问，然后再回应他，这样君主才能用九二之道。所以刘备一定要三顾茅庐，诸葛亮才答应出山。古人没有现代通信工具，刘备去找诸葛亮，三次才碰面很正常。如果说换一个人，听说刘备刘玄德寻访不遇，说不定马上就跑去回访拜见了。但有德行的臣子要等到君王“至诚求己”，受教育者要体现诚意。如果君王没有至诚之心，随便招个手，你就去逢迎，即便去了，他也不会重视你。北宋元祐元年（1086年），程颐被授予崇政殿说书的职位，担任年仅十余岁的宋哲宗的经学老师。此前，朱光庭、王岩叟等人就屡次推荐，都被程颐拒绝。等到朝廷正式辟召，伊川先生还是再三推辞。最后上疏，提出了三条要求：第一，谏皇帝亲贤人远小人；第二，禁侈靡；第三，经筵侍讲之老师应当坐着讲，不应当站着。朝廷答应之后他才接受这个职位。这正是对于“匪我求童蒙，童蒙求我”的生动诠释。伊川先生之所以多次推辞不赴任，并不是高自矜持、自高身价，而是“待君至诚求己，而后应之，则能用其道”，通过受教育者主动求教的行为，来显示师道的尊贵，构建严肃的师生关系。

禅宗的达摩祖师，他在520年左右从印度来到中国。当时南朝的梁武帝非常崇信佛教，但他好大喜功，喜欢表面文章，对佛教实质学习不够。达摩是带着使命来中国的，他的师父就跟他说过，“东方震旦有大乘气象”。他此行的目的就是把佛法传遍中国。他从广州登陆，一路往北到了梁朝首都建业，梁武帝一见面就问他：“朕一生造寺度僧，布施设斋，有何功德？”你注意，他一开始就称呼“朕”“本皇帝我”，他不是以一个佛教居士、学生的身份与高僧讨教，而是让别人夸赞他。这就不是“童蒙求我”。《金刚经》

讲“以无我、无人、无众生、无寿者行一切善法”，布施、做好事要三轮体空，无施者、无受者、无所施之物，布施者、接受者、施舍的东西，都是五蕴假合。这个问题本身就不合适，达摩就回答“实无功德”，而后就离开南梁，渡江北上了。受教育者没有谦虚请教、没有至诚之心，无法构建良好的教育关系，达摩只能选择离开。一百多年之后，禅宗六祖在广东韶关开坛讲法。韶州刺史韦璩对于梁武帝的公案有疑惑：为什么梁武帝做了这么多好事，达摩却说没有功德呢？就找六祖提问，《坛经》记录他第一句话是“弟子有一事不明”，在探讨佛学问题的时候，他不是以官位自称，而是明确自己是弟子、学生，慧能是老师。师生关系摆对了，虚心受教，六祖慧能就给他详细地解释，留下一段佳话。

下面再解释“初筮告，再三渎，渎则不告”。筮是占卜决断的意思。“初筮告”是说如果求筮之人是一心真诚地来求问自己，那么就告诉他结果；一而再、再而三来占问就是亵渎怠慢了，因此不再为他解释作答。为什么在启蒙教育之中讲“筮”？因为在上古的时候，一些贵族子弟进学校学习的重要内容就是占筮。繁体字学习的“学（學）”，中间两个叉，有学者指出那就是“爻”。而且甲骨文的“学”字里面也包含“爻”字，有一种写法是这样的——，左右各画一个人，代表老师和学生，下面画个房子，中间画“爻”，就是代表蓍草交叉、占筮算卦。在教室里面老师教学生如何把蓍草排好、把卦算好，就是“学”的主要内容。因为上古人在齐家治国的管理活动之中未知因素很多，很多时候要借助卜筮决疑，所以筮法是学习的重要内容。但学习筮法，一定要庄重严肃。朱熹在《易学启蒙》里有一篇《筮仪》，有一系列仪式，还有祈祷词等等，就是要通过这样的过程让人诚敬地学习、诚敬地决疑。如果说你把它当成一个游戏，一会儿要算一下，一会儿去问一下，就是“再三渎”，对于学习不恭敬，就是一种亵渎，所以“渎则不告”。《伊洛渊源录》里面记载一个故事，程颐有个学生叫郭忠孝，“忠孝每见伊川，问《论语》，伊川皆不答。一日，语之曰：子从事于此多少时？所问皆大，且须切问近思”。郭忠孝原来是个军官，到程颐门下之后，没有深入研读经典就不停发问，程颐都不回答。一段时间以后，程颐跟郭忠孝说，你来一段时间了，所问的问题都宏大不经，读书当切问而近思。这就是要深入思考，不能胡乱提问，胡乱提问就是“渎”，渎则不告。

卦辞的最后还有“利贞”二字，《程传》解释说“发蒙之道，利以贞正”，启发蒙昧，利于守持正固。另外《程传》又提出“二虽刚中，然居阴，故宜有戒”。九二爻虽然有刚中之德，但是毕竟你是臣子，要守持正固，明白君臣的界限。如果当了老师，最后却突然翘尾巴，觉得这个帝王不行，把他赶走，自己来试一下就麻烦了。所以“故宜有戒”，有师长之德不忘臣下之位，要有所戒惧。

2.《彖辞》

《彖》曰：蒙，山下有险，险而止，蒙。蒙亨，以亨行时中也。匪我求童蒙，童蒙求我，志应也。初筮告，以刚中也。再三渎，渎则不告，渎蒙也。蒙以养正，圣功也。

《彖辞》本身就是对于《卦辞》的解释，而程颐对于《卦辞》的解释也参考了《彖辞》的讲法。我们讲《彖辞》稍微简略一些。

针对《彖辞》第一句“蒙，山下有险，险而止，蒙。蒙亨，以亨行时中也”，《程传》注云：“山下有险，内险不可处，外止莫能进，未知所为，故为昏蒙之义。‘蒙亨，以亨行时中也’：蒙之能亨，以亨道行也，所谓亨道时中也。‘时’谓得君之应，‘中’谓处得其中，得中则时也。‘匪我求童蒙，童蒙求我，志应也’：二以刚明之贤处于下，五以童蒙居上。非是二求于五，盖五之志应于二也。贤者在下，岂可自进以求于君？苟自求之，必无能信用之理。古之人所以必待人君致敬尽礼而后往者，非欲自为尊大，盖其尊德乐道，不如是不足与有为也。”山下有险，其内有险而不能再停留，其外被阻止则不能前进，不知如何是好，因此有昏聩蒙昧之义。“蒙亨，以亨行时中也”：蒙、发蒙之所以能亨通，因为遵从亨通之道来行进，适时而中正，这就是亨通之道。适时是说能得到六五之君的响应，中是说处在中位，能做到中就能做到适时。“匪我求童蒙，童蒙求我，志应也”：九二爻是刚明之贤才而处于下位，六五爻童稚而处于上位。不是九二爻去求六五爻，而是六五主动求教于九二。贤者处于下位，怎能自己前去请求君主的任用？如果自求任用，必定没有受到尊重。古人之所以一定要等到君主表达敬意并完成礼节然后才出山辅佐，并不是妄自尊大，而是要求君主尊重有德之人，乐于得道，达不到这一步的君主不值得与其共事。

《彖辞》又云：“初筮告，以刚中也。再三渎，渎则不告，渎蒙也。”《程传》注解说：“初筮谓诚一而来求决其蒙，则当以刚中之道，告而开发之。再三，烦数也。来筮之意烦数，不能诚一，则渎慢矣，不当告也。告之必不能信受，徒为烦渎，故曰‘渎蒙’也。求者告者皆烦渎矣。”首次请教占筮的结果，是以真诚之心而来求老师化解其蒙昧，应以刚健中正的道理告诉他、启发他。再三，是繁多的意思。再三烦扰前来问筮，不能真诚专一，就是亵渎怠慢了，不应当再告诉他。就是告诉他了，也不能相信接受，只是白白地增加烦扰，因此说是“渎蒙”。求问之人和启蒙之人都被烦扰亵渎了。

《彖辞》的最后一句是“蒙以养正，圣功也”。《程传》释云：“《卦辞》曰‘利贞’，《彖》复伸其义，以明不止为戒于二，实养蒙之道也。未发之谓蒙，以纯一未发之蒙而养其正，乃作圣之功也。发而后禁，则扞格而难胜。养正于蒙，学之至善也。蒙之六爻，二阳为治蒙者，四阴皆处蒙者也。”《卦辞》说“利贞”，《彖传》又申明其意义，以说明不只是为九二爻提出告诫，其实更是启发童蒙的道理。尚未被启发称作“蒙”，在纯粹的未被启发的蒙昧状态下培养正道，这是成圣的工夫。欲望已经萌发后再对其加以约束，就会产生抵触情绪，难以战胜缺陷。这个观点出自《礼记·学记》：“发然后禁，则扞格而不胜。”在启蒙时就培养浩然正气，是最好的学习。最后程颐又点明蒙卦的六爻，两个阳爻代表启蒙者，四个阴爻都代表等待启蒙的人。

3.《大象辞》

《象》曰：山下出泉，蒙，君子以果行育德。

山里边涌出泉水，往下流淌，那就是一直往下冲，百折不挠，所以君子要效法泉水，“果行育德”，以果敢的言行、果决的行动养育其德。比方说长江是从三江源头青藏高原形成的，一形成就往下流淌，一直往下冲，就冲出一条大江出来。《程传》注云：“山下出泉，出而遇险，未有所之，蒙之象也。若人蒙稚，未知所适也。君子观蒙之象，以果行育德：观其出而未能通行，则以果决其所行；观其始出而未有所向，则以养育其明德也。”程颐的解释略有发挥。山下出泉水，如果泉水流到一个低洼处就会暂停流淌，水位不断增高，形成一个堰塞湖，没有可去的地方，这是蒙昧之象，类似于幼小的孩子不知前进的方向；但水位涨到一定的高度后又把堵塞物冲破，继续往前走。君子观察这种自然现象，学习泉水不断积累势能，冲破阻塞前行，“果决其所行”，激励自己不断养育明德，蓄势待发、建功立业。

二、爻辞释义

1. 君子伸道免祸

初六：发蒙，利用刑人，用说桎梏，以往吝。《象》曰：利用刑人，以正法也。

“卦者事也，爻者事之时也”，本卦六爻，两个阳爻代表启蒙者，四个阴爻代表需要启蒙的一类人。初六爻是阴爻居下位，是需要接受启蒙的人，对这一类人首先要利用刑罚来规范，“用说桎梏”，“说”通“脱”，以脱去人们身上蒙昧的束缚。但仅用刑罚一种手段，也是可鄙吝的。

《程传》解释说：“初以阴暗居下，下民之蒙也。爻言发之之道。发下民之蒙，当明刑禁以示之，使之知畏，然后从而教导之。自古圣王为治，设刑罚以齐其众，明教化以善其俗，刑罚立而后教化行，虽圣人尚德而不尚刑，未尝偏废也。故为政之始，立法居先。治蒙之初，威之以刑者，所以说去其昏蒙之桎梏，桎梏谓拘束也。不去其昏蒙之桎梏，则善教无由而入。既以刑禁率之，虽使心未能喻，亦当畏威以从，不敢肆其昏蒙之欲，然后渐能知善道而革其非心，则可以移风易俗矣。苟专用刑以为治，则蒙虽畏而终不能发，苟免而无耻，治化不可得而成矣，故以往则可吝。”初爻是阴爻处在最下方，代表着最下层民众的蒙昧。“发下民之蒙，当明刑禁以示之，使之知畏”，对于尚未开化的民众，首先要立刑罚，让大家知道什么是不能做的，有所敬畏，“然后从而教导之”，春风化雨的教化要放在电闪雷鸣的刑罚之后，两者相辅相成，哪怕是古代的圣王，也不能够完全地只讲道德修养，不讲刑罚，“圣人尚德而不尚刑，未尝偏废也”。所以，“为政之始，立法居先”，做任何的政治管理，法令是第一位的。汉高祖刘邦入关中之后，首先要约法三章，“杀人者死，伤人及盗抵罪”，这就是立法为先。“治蒙之初，威之以刑者，所以说去其昏蒙之桎梏”，治理蒙昧的时候，一开始先不要讲道理，因为昏蒙之人难听教化，先以刑罚威慑，摆脱利欲熏心的昏蒙状态，去除欲望的枷锁；如果“不去其昏蒙之桎梏”，那么后面的“善教无由而入”，移风易俗的教化就听不进去，推广不了。所以“既以刑禁率之，虽使心未能喻，亦当畏威以从，不敢肆其昏蒙之欲”，将刑禁、惩罚作为教化的一个辅佐，虽然他还没有明白道理，但因为畏惧惩罚，不敢不从，不敢放任自己昏蒙的欲望。“然后渐能知善道而革其非心”，慢慢地就能明白善道，自觉地洗心革面，革其非心之后，当然就可以移风易俗，建立起良好的风俗习惯。如果仅用刑罚，不施教化，那就是走向艰难，走向羞吝。这就是孔子所说“导之以政，齐之以刑，民免而无耻”。如果只是用刑法和政令，民众只要能避免刑罚就心安理得，不会形成道德羞耻感；要重视“导之以德，齐之以礼，有耻且格”的道德教化，才能培育有教化、有修养的民众，才能达到“治化”之境。发下民之蒙，需要重视刑罚的作用，但仅仅靠刑罚也不行，还是要德刑相辅。

本爻的《象辞》是“利用刑人，以正法也”。《程传》注云：“治蒙之始，立其防限，明其罪罚，正其法也，使之由之，渐至于化也。或疑发蒙之初，遽用刑人，无乃不教而诛乎？不知立法制刑，乃所以教也。盖后之论刑者，不复知教化在其中矣。”刚开始整治下民之蒙，要明确刑罚、端正法度。“使之由之”，是引用《论语》“民可使由之，不可使知之”的观点，先通过硬性的规则、法令“由之”，然后“渐至于化也”，渐渐还是要走向教化，走向“使知之”，这就是“渐至于化”，通过遵从法令而渐渐至于教化。有人问刚刚启发蒙昧时就用刑罚，这是不是“不教而诛”？其实制定法令、刑罚本身也是一种教化，只是后世那些设定、谈论刑罚的人不知道这层含义。春秋时期郑国的子产是很贤明的大夫，在治理民众的时候就是“铸刑书”，把国家法律铸在铜器之上，昭告天下，这本身也是一种教化。

2. 刚明之臣为启蒙天下的主力

九二：包蒙吉，纳妇吉，子克家。《象》曰：子克家，刚柔接也。

爻辞中的“包蒙”字面意思是包容童蒙之人；“纳妇”有一种解释是娶妻，指九二爻与六五爻为正应，程颐对“纳妇”的解释是包纳妇人之善，有从善如流的意思；“子克家”，男子能够治理、光大其家族。

《程传》的注释将爻辞的三句话凝成了统一的整体，展现了儒家君子修齐治平的管理理念。爻辞首句“包蒙吉”，《程传》解释说：“包，含容也。二居蒙之世，有刚明之才，而与六五之君相应，中德又同，当时之任者也。必广其含容，哀矜昏愚，则能发天下之蒙，成治蒙之功。其道广，其施博，如是则吉也。”九二爻处于蒙昧的时代，有着刚健光辉的才能，又与六五爻君主志气相应，都具有中正之德，他们都是肩负时代重任的人。儒家在讲蒙卦的时候，并不把它定位成儿童启蒙教育，九二爻刚明居中，师长要“发天下之蒙”，为天下启蒙要有广阔的心胸，所以要包含一切，要“广其含容”。对一切处在昏蒙和愚昧当中的人，都要有一种悲悯之心、哀矜之心与慈悲之心，这样才能“发天下之蒙，成治蒙之功”。那么他的德行施用博远，让各方面人都得以受益，这样就会吉祥。

第二句“纳妇吉”，《程传》的解释：“卦唯二阳爻，上九刚而过，唯九二有刚中之德，而应于五，用于时而独明者也。苟恃其明，专于自任，则其德不弘。故虽妇人之柔暗，尚当纳其所善，则其明广矣。又以诸爻皆阴，故云‘妇’。尧、舜之圣，天下所莫及也，尚曰清问下民，取人为善也。”整个卦只有两个代表启蒙师长的阳爻，上九爻过高，高而无民，只有九二爻有刚中之德，与六五柔顺之君相应。所以九二爻是六爻当中最显明的，但如果刚愎自用，就不可能广弘其德。所以要广纳善言，即便是没有受过教育的家庭妇女的好意见、好建议，都可以接受，以此类推，其他士人君子的意见就更应该采纳了。九二爻上下两边都是阴爻，所以用“妇”这个象来表征。《尚书》里面讲，即便是尧舜那么圣明的人，也要非常认真倾听民众的意见，这就是博采众长、择善而从。

爻辞的最后一句“子克家”，《程传》指出：“二能包纳，则克济其君之事，犹子能治其家也。五既阴柔，故发蒙之功，皆在于二。以家言之：五、父也，二、子也。二能主蒙之功，乃人子克治其家也。”九二爻的臣子、师长能够包容一切蒙昧、采纳所有善言，当然能够把六五之君所委托的启发君王之蒙、启发天下之蒙的任务完成，就像儿子能够光大他的家族一样。以家言之，五是父，二是子。六五之君阴柔，故发蒙之功皆在于九二刚明之臣，所以九二是启蒙天下的主力，就像能使家庭兴旺的顶梁柱一样。

再看九二爻的《象辞》，“子克家，刚柔接也”。《程传》释云：“子而克治其家者，父之信任专也。二能主蒙之功者，五之信任专也。二与五，刚柔之情相接，故得行其刚中之道，成发蒙之功。苟非上下之情相接，则二虽刚中，安能尸其事乎？”爻辞讲“子克家”，儿子能够让家庭兴旺，因为父亲授权、对他信任专一。九二爻所象征的大臣能够成就启蒙天子、启蒙天下之功业，是因为六五之君对他完全信任。九二与六五,一刚一柔、性情相合，因此才能施行刚健中正之道，成就启发蒙昧的功绩。如果不是上下通情，那么九二之臣即使刚健中正，又怎能完成启蒙天下的事业呢？比如说贞观之治中的魏徵和李世民。唐太宗李世民在某种情况下可以说是刚明之君，但有时候他也符合六五爻柔顺之君的特点，因为他非常愿意听从魏徵等人的建议。而魏徵有时候像九二爻的刚明之臣得到唐太宗的信任，有人诬告魏徵，李世民却看都不看告状信，直接要治告状人的罪。魏徵在贞观初年，得到如此的信任，当然可以“子克家”，成就其发蒙天子、启蒙天下的功业。

3. 见钱眼开者，难以启蒙

六三：勿用取女，见金夫，不有躬，无攸利。《象》曰：勿用取女，行不顺也。

六三爻辞的字面意思是，不能娶这个女子，她见到富人，不能保有其自身的礼节、节操，所以她在哪里都不会有利益。《程传》是从爻位的上下关系开始阐释其义理思想，“三以阴柔处蒙暗，不中不正，女之妄动者也”。六三爻是阴爻处在一种蒙暗、蒙昧之世，不是二、五爻，不居中，以阴爻居阳位则为不正，不中不正，就用一个妄动焦虑、举止失措的女子作为比喻。此女子“正应在上，不能远从，近见九二为群蒙所归，得时之盛，故舍其正应而从之，是女之见金夫也。女之从人，当由正礼，乃见人之多金，说而从之，不能保有其身者也。无所往而利矣”。本来六三跟上九是有正应的，但两者相距遥远，六三之女子看到九二爻的刚明之臣为“群蒙所归，得时之盛”，就舍去她的上九正应，想跟着九二爻这样有钱有势的男子。女子嫁人应该依从正礼，她却见钱眼开、忘乎所以，这是不能保全自身德行的人，这样的人在哪里都不会有利的，所以很难把这种人从蒙昧当中引导出来。

蒙卦六三爻与屯卦的六二爻都以女子为比喻。屯卦的六二爻上应于九五、下近初九，跟蒙卦六三爻应于上九、近乎九二的结构有点像。但屯卦六二爻代表一个坚贞不屈、耐心等待真命天子的女子，蒙卦六三代表见利忘义的女子，类似的爻位关系，为什么有这么大的差异？关键是屯卦是六二，既中又正，上应九五，也具有中正之德，所以她不会放弃“正应”，不为身边的男子所诱惑。蒙卦六三爻是阴爻处于第三位，“阴柔处蒙暗，不中不正”，缺乏基本的品德，她又怎么去等待遥远的正应而放弃身边的金夫呢？所以蒙卦六三爻所代表的这一类人，想着眼前的利益，看不到发展的方向，无远虑、有近忧。这样的人当然没有办法能够摆脱蒙昧。

《象辞》讲，“勿用取女，行不顺也”。《程传》注云：“女之如此，其行邪僻不顺，不可取也。”像这样的女子，她的行为邪僻而不顺，不能娶为妻子。现在讲男女平等，如果男孩子这样子的话，也不能嫁给这个男孩子。以此类推，单位也不能招这样的员工。

4. 困蒙之吝，独远实也

六四：困蒙吝。《象》曰：困蒙之吝，独远实也。

本卦代表“处蒙者”有四个阴爻，六四爻是当中最惨的。四个阴爻当中，初六身边有个九二是阳爻；六三也挨着九二阳爻，上面还有上九之应，跟阳爻能够搭上关系，只是由于其位不中不正，没能够把握机会，但并不是没机会；六五爻下应九二、承上九，是很好的；而六四爻上下两个都是阴爻，与下面初六又是敌应。所以《程传》说：“四以阴柔而蒙暗，无刚明之亲援，无由自发其蒙，困于昏蒙者也，其可吝甚矣。”六四爻是阴爻，柔弱而暗昧，没有阳刚光明之爻的援助，也不能自己脱去蒙昧，它是被层层的蒙昧困住的、受困于蒙昧状态的人，这是非常可为羞吝的。

《象辞》：“困蒙之吝，独远实也。”也是强调其远离阳爻这个特点。《程传》指出：“蒙之时是，阳刚为发蒙者。四，阴柔而最远于刚，乃愚蒙之人，而不比近贤者，无由得明矣，故困于蒙。可羞吝者，以其独远于贤明之人也。不能亲贤以致困，可吝之甚也。‘实’谓阳刚也。”“实”是指阳爻，蒙昧之时，阳爻代表启发蒙昧的老师。六四阴爻，柔弱而又距离阳爻最远，愚暗蒙昧之人不靠近贤者，就没有办法得到智慧，因此就困于蒙昧之中。不能亲近贤人而处于困顿之中，这是非常应该引以为耻的。所以讲一个处于蒙昧状态、需要启蒙的人，他不“亲贤人，而远小人”，而是“亲小人，远贤臣”，那就完了。如果虽然处于蒙昧，但是事事请教于人，有“三人行必有吾师也”的心态，就不会有“困蒙之吝”。

5. 柔中用贤，可治天下之蒙

六五：童蒙吉。《象》曰：童蒙之吉，顺以巽也。

《程传》释云：“童，取未发而资于人也。”爻辞里的“童”字，是表示六五之君没有长大，需要借助师长支持、教导。从爻位关系来说：“以柔顺居君位，下应于二，以柔中之德，任刚明之才，足以治天下之蒙，故吉也。”六五爻以柔顺之阴爻居于君位，与在下的九二爻相应，凭借柔顺中正之德性，任用刚健贤明之人才，足以整治天下的蒙昧。第五爻是被启蒙之君，九二爻是担任帝王师的刚明之臣，古人讲“用师者王、用友者霸、用徒者亡”，能用师长之智慧，当然是吉祥的。在古代，因为家天下的关系，皇帝的位置都是父子相承，除了开国皇帝以及中间偶尔有几个雄才伟略的君主，其余的皇帝大多是平凡之人居不平凡的位置而已。所以儒家的最高理想还是以贤传贤、天下为公的大同世界，儒家知识分子对于帝王既有尊重，也有一点规劝、限制、教化的责任。正因为此，程颐等非常喜欢发挥六五对九二的关系，在帝王才华平平的时候，只能寄希望他能够有很好的德行，能够有柔顺之德，任用好刚明之才，听取建议“以治天下之蒙”。

因此，《程传》进一步说：“为人君者，苟能至诚任贤以成其功，何异乎出于己也？”作为君王，如果能够诚心地用贤才而成就一番功业，与靠自己成功是一样的。据《史记·高祖本纪》记载，刘邦总结自己的成功经验时说：“夫运筹帷幄之中，决胜千里之外，吾不如子房。镇国家，抚百姓，给馈饷，不绝粮道，吾不如萧何。连百万之军，战必胜，攻必取，吾不如韩信。此三者，皆人杰也，吾能用之，此吾所以取天下也。项羽有一范增而不能用，此其所以为我擒也。”刘邦善于听取建议，放手任用某一领域比自己强的张良、萧何、韩信等人才，这是他成功的关键。而项羽事事亲为，不愿意放手任用贤人，被韩信嘲笑为“匹夫之勇”，这也是他失败的关键原因。由此可见，即便是改朝换代的英雄豪杰，也要“至诚任贤以成其功”，何况是后来那些普通的君王，他们更要学会至诚任贤。

《象》曰：“童蒙之吉，顺以巽也。”《程传》解释说：“舍己从人，顺从也。降志下求，卑巽也。能如是，优于天下矣。”舍弃自己的意志而顺从别人，就是顺从之义。降低自己的心志而礼贤下士，就是能够谦卑从善。如果能做到这样，治理天下可以说是游刃有余了。

6. 愚蒙既极，当击伐以教化

上九：击蒙，不利为寇，利御寇。《象》曰：利用御寇，上下顺也。

九二爻所代表的老师，是启蒙那些可教化的优秀人才，而上九爻的启蒙老师要开化的是愚蒙既极的人，必须使用一点霹雳手段。《程传》解释说："九居蒙之终，是当蒙极之时。人之愚蒙既极，如苗民之不率，为寇为乱者，当击伐之。然九居上，刚极而不中，故戒不利为寇。治人之蒙，乃御寇也。肆为刚暴，乃为寇也。若舜之征有苗，周公之诛三监，御寇也；秦皇、汉武穷兵诛伐，为寇也。"上九爻居于蒙卦的终极，是蒙昧发展到极点的时候。人的愚昧既然已经发展到极致，就像舜帝那个时期，苗民不顺从而为寇作乱，不断地骚扰，应该攻击讨伐他们。然而上九爻处于最上位，阳刚达于极致而不一定能做到中正，因此告诫说如果只知讨伐的话是不利的。整治别人的蒙昧，乃是抵御叛乱；肆意发用自己的刚强暴力，就是自己"为寇"了。"有苗"即三苗，是远古时代南方部族名。《史记》说舜"迁三苗于三危，以变西戎"。"三监"是周灭商后在商畿地区所封的三个诸侯，一说是纣王之子武庚，武王之弟管叔、蔡叔；一说是武王之弟管叔、蔡叔、霍叔。武王去世后，成王继位，周公摄政，三监叛乱，周公出兵东征平定了三监之乱。就像舜征讨有苗之民，周公诛杀三监，这是抵御叛乱，惩戒是手段，启蒙教化是目的，把握分寸、适可而止。诸葛亮七擒孟获，打完之后再放，不服再打，直到最后将其感化，这就是"御寇"。但如果像秦始皇、汉武帝穷兵黩武、四处征伐，就不对了。汉武帝讨伐匈奴，早期他有"御寇"之意，但是后来打上瘾了，停不下来，就超出了击蒙、教化的目的，是"为寇"了。

《象辞》："利用御寇，上下顺也。"《程传》解释："利用御寇，上下皆得其顺也。上不为过暴，下得击去其蒙，御寇之义也。"利于防御寇乱，是因为上下的心意都顺从他。上九的启蒙者要贯彻惩戒原则，但是不做过分刚暴的事情。愚民的蒙昧要脱去，但不能够在脱蒙的时候把这个人生命都脱没了。要脱去人的蒙昧，而不是消灭人的肉体，这就是抵御寇乱的意义。

通过对屯卦、蒙卦的学习，大家对义理易学、儒家易学的解释理路应该清楚了，同学们以后写《周易》的论文，就应该有一定的深度了。不能总是讲《周易》是“自强不息、厚德载物、忧患意识”等文化精神，那样没有讲到卦爻象、卦爻辞的关系，看不出“卦者事也，爻者事之时也”的逻辑理路。那样读《周易》与《论语》《孟子》没有区别。《周易》六十四卦、三百八十四爻，设计了很多具体的场景：君子在艰难之时、蒙昧之时、安泰之时、否闭之时如何立身行事，如何通过格物、致知，再去修身、齐家、治国、平天下；安泰之时，如何面对危险，如何面对顺境，等等各方面，它给你设计了各种案例、场景，教育你如何在时局当中进退有序。《周易》的六十四卦，如果你读懂了，还能推而广之、触类旁通，对大家立身行事都有帮助。

附：《周易程氏传》原文

蒙卦

坎下艮上

蒙，《序卦》：“屯者盈也，屯者物之始生也。物生必蒙，故受之以蒙。蒙者蒙也，物之稚也。”屯者物之始生，物始生稚小，蒙昧未发，蒙所以次屯也。为卦，艮上坎下。艮为山，为止；坎为水，为险。山下有险，遇险而止，莫知所之，蒙之象也。水必行之物，始出未有所之，故为蒙。及其进，则为亨义。

蒙：亨，匪我求童蒙，童蒙求我。初筮告，再三渎，渎则不告。利贞。

蒙有开发之理，亨之义也。卦才时中，乃致亨之道。六五为蒙之主，而九二发蒙者也。“我”谓二也。二非蒙主，五既顺巽于二，二乃发蒙者也，故主二而言。“匪我求童蒙，童蒙求我”：五居尊位，有柔顺之德，而方在童蒙，与二为正应，而中德又同，能用二之道以发其蒙也。二以刚中之德在下，为君所信向，当以道自守，待君至诚求己，而后应之，则能用其道，匪我求于童蒙，乃童蒙来求于我也。筮，占决也。“初筮告”，谓至诚一意以求己则告之。再三则渎慢矣，故不告也。发蒙之道，利以贞正；又二虽刚中，然居阴，故宜有戒。

《彖》曰：蒙，山下有险，险而止，蒙。蒙亨，以亨行时中也。匪我求童蒙，童蒙求我，志应也。

山下有险，内险不可处，外止莫能进，未知所为，故为昏蒙之义。“蒙亨，以亨行时中也”：蒙之能亨，以亨道行也，所谓亨道时中也。“时”谓得君之应，“中”谓处得其中，得中则时也。“匪我求童蒙，童蒙求我，志应也”：二以刚明之贤处于下，五以童蒙居上。非是二求于五，盖五之志应于二也。贤者在下，岂可自进以求于君？苟自求之，必无能信用之理。古之人所以必待人君致敬尽礼而后往者，非欲自为尊大，盖其尊德乐道，不如是不足与有为也。

初筮告，以刚中也。再三渎，渎则不告，渎蒙也。

初筮谓诚一而来求决其蒙，则当以刚中之道，告而开发之。再三，烦数也。来筮之意烦数，不能诚一，则渎慢矣，不当告也。告之必不能信受，徒为烦渎，故曰“渎蒙”也。求者告者皆烦渎矣。

蒙以养正，圣功也。

《卦辞》曰“利贞”，《彖》复伸其义，以明不止为戒于二，实养蒙之道也。未发之谓蒙，以纯一未发之蒙而养其正，乃作圣之功也。发而后禁，则扞格而难胜。养正于蒙，学之至善也。蒙之六爻，二阳为治蒙者，四阴皆处蒙者也。

《象》曰：山下出泉，蒙，君子以果行育德。

山下出泉，出而遇险，未有所之，蒙之象也。若人蒙稚，未知所适也。君子观蒙之象，以果行育德：观其出而未能通行，则以果决其所行；观其始出而未有所向，则以养育其明德也。

初六：发蒙，利用刑人，用说桎梏，以往吝。

初以阴暗居下，下民之蒙也。爻言发之之道。发下民之蒙，当明刑禁以示之，使之知畏，然后从而教导之。自古圣王为治，设刑罚以齐其众，明教化以善其俗，刑罚立而后教化行，虽圣人尚德而不尚刑，未尝偏废也。故为政之始，立法居先。治蒙之初，威之以刑者，所以说去其昏蒙之桎梏，桎梏谓拘束也。不去其昏蒙之桎梏，则善教无由而入。既以刑禁率之，虽使心未能喻，亦当畏威以从，不敢肆其昏蒙之欲，然后渐能知善道而革其非心，则可以移风易俗矣。苟专用刑以为治，则蒙虽畏而终不能发，苟免而无耻，治化不可得而成矣，故以往则可吝。

《象》曰：利用刑人，以正法也。

治蒙之始，立其防限，明其罪罚，正其法也，使之由之，渐至于化也。或疑发蒙之初，遽用刑人，无乃不教而诛乎？不知立法制刑，乃所以教也。盖后之论刑者，不复知教化在其中矣。

九二：包蒙吉，纳妇吉，子克家。

包，含容也。二居蒙之世，有刚明之才，而与六五之君相应，中德又同，当时之任者也。必广其含容，哀矜昏愚，则能发天下之蒙，成治蒙之功。其道广，其施博，如是则吉也。卦唯二阳爻，上九刚而过，唯九二有刚中之德，而应于五，用于时而独明者也。苟恃其明，专于自任，则其德不弘。故虽妇人之柔暗，尚当纳其所善，则其明广矣。又以诸爻皆阴，故云“妇”。尧、舜之圣，天下所莫及也，尚曰清问下民，取人为善也。二能包纳，则克济其君之事，犹子能治其家也。五既阴柔，故发蒙之功，皆在于二。以家言之：五、父也，二、子也。二能主蒙之功，乃人子克治其家也。

《象》曰：子克家，刚柔接也。

子而克治其家者，父之信任专也。二能主蒙之功者，五之信任专也。二与五，刚柔之情相接，故得行其刚中之道，成发蒙之功。苟非上下之情相接，则二虽刚中，安能尸其事乎？

六三：勿用取女，见金夫，不有躬，无攸利。

三以阴柔处蒙暗，不中不正，女之妄动者也。正应在上，不能远从，近见九二为群蒙所归，得时之盛，故舍其正应而从之，是女之见金夫也。女之从人，当由正礼，乃见人之多金，说而从之，不能保有其身者也。无所往而利矣。

《象》曰：勿用取女，行不顺也。

女之如此，其行邪僻不顺，不可取也。

六四：困蒙吝。

四以阴柔而蒙暗，无刚明之亲援，无由自发其蒙，困于昏蒙者也，其可吝甚矣。吝，不足也，谓可少也。

《象》曰：困蒙之吝，独远实也。

蒙之时，阳刚为发蒙者。四，阴柔而最远于刚，乃愚蒙之人，而不比近贤者，无由得明矣，故困于蒙。可羞吝者，以其独远于贤明之人也。不能亲贤以致困，可吝之甚也。"实"谓阳刚也。

六五：童蒙吉。

五以柔顺居君位，下应于二，以柔中之德，任刚明之才，足以治天下之蒙，故吉也。童，取未发而资于人也。为人君者，苟能至诚任贤以成其功，何异乎出于己也？

《象》曰：童蒙之吉，顺以巽也。

舍己从人，顺从也。降志下求，卑巽也。能如是，优于天下矣。

上九：击蒙，不利为寇，利御寇。

九居蒙之终，是当蒙极之时。人之愚蒙既极，如苗民之不率，为寇为乱者，当击伐之。然九居上，刚极而不中，故戒不利为寇。治人之蒙，乃御寇也。肆为刚暴，乃为寇也。若舜之征有苗，周公之诛三监，御寇也；秦皇、汉武穷兵诛伐，为寇也。

《象》曰：利用御寇，上下顺也。

利用御寇，上下皆得其顺也。上不为过暴，下得击去其蒙，御寇之义也。

第七讲 泰卦解说

泰䷊，乾下坤上，是《周易》的第十一卦，在履卦的后面。《序卦》说：“履而泰，然后安，故受之以泰。”《程传》解释说：“履得其所则舒泰，泰则安矣，泰所以次履也。为卦，坤阴在上，乾阳居下。天地阴阳之气相交而和，则万物生成，故为通泰。”君子践履道义，知行结合，得其所宜，就会舒泰，舒泰则有安定之象。这就是泰卦排在履卦后面的原因。泰这个卦，坤阴在上，乾阳居下，那么必然阳气上行、阴气下沉，天地阴阳之气相交而和，则万物生成，所以有通泰之象。

一、《卦辞》《象辞》《象辞》释义

1.《卦辞》

泰：小往大来，吉亨。

什么叫“小往大来”？《程传》解释：“小谓阴，大谓阳。往，往之于外也。来，来居于内也。阳气下降，阴气上交也。阴阳和畅，则万物生遂，天地之泰也。”小代表阴爻，大代表阳爻。泰卦是三个阴爻在上，三个阳爻在下，这就是阴爻往之于外，而阳爻来居于内。阳气向下降，阴气往上走。这样就有了阴阳二气的交流，万物都因此获得生机、蓬勃生长，这是天地的通泰。义理易学本来就是“推天道以明人事”，通过探究天地自然的运行规律，来启迪君子做人做事的道理。程颐就从天地的通泰引申出两个方面的“人事”之理。“以人事言之：大则君上，小则臣下，君推诚以任下，臣尽诚以事君，上下之志通，朝廷之泰也；阳为君子，阴为小人，君子来处于内，小人往处于外，是君子得位，小人在下，天下之泰也。”第一个层面是，大代表君上，小代表臣下，君主推行自己的诚心来委任臣下，臣子竭尽自己的诚心以服务于君主，上下的心志相通，这就是朝廷的通泰。第二个层面是阳代表君子，阴代表小人，君子来处于朝堂之内，小人被放逐于山野之外，君子得到权位，小人失去势力，这就是天下的通泰。这两个层面并不是程颐的发明，后面的《彖传》也是这么讲的。

在解释“小往大来”之后，《程传》又对“吉亨”进行阐释：“泰之道，吉而且亨也。不云‘元吉’‘元亨’者，时有污隆，治有小大，虽泰，岂一概哉？言‘吉亨’则可包矣。”泰的道理，吉而且亨通。之所以不说至为吉祥、至为亨通，是因为时运有盛有衰，治理有天下的大治也有局部的小治，通泰之道不能一概而论，不见得都是最佳状态，用“吉亨”二字包含的范围更广一些。

2.《彖辞》

《彖》曰：泰，小往大来，吉亨，则是天地交而万物通也，上下交而其志同也。内阳而外阴，内健而外顺，内君子而外小人，君子道长，小人道消也。

《彖辞》也是从天地相交、万物通达引申到君臣上下关系、君子小人关系两个层面，前面程颐已经讲了。这句话是两个常用词“交通”“同志”的出处。古人讲“交通”是由于天地阴阳二气交流让万物生长通达，现在的“交通”是公路、铁路、民航，含义不一样了。“同志”主要指君臣上下意气相投、同心协力，重点在良好的上下关系。现在的“同志”，既有上下关系，也有同事关系，只要志同道合就好，含义也有所延伸。《程传》对《彖辞》的注释是这样的：“‘小往大来’，阴往而阳来也，则是天地阴阳之气相交，而万物得遂其通泰也。在人，则上下之情交通，而其志意同也。阳来居内，阴往居外，阳进而阴退也。乾健在内，坤顺在外，为‘内健而外顺’，君子之道也。君子在内，小人在外，是‘君子道长，小人道消’，所以为泰也。既取阴阳交和，又取君子道长。阴阳交和，乃君子之道长也。”“小往大来”，是说阴往上进而阳向下来，天地阴阳之气相交，万物都得以通泰成长。从人事方面来说，就是君臣上下的情志相通，志向相同。阳来居于内，阴出居于外，这是阳进阴退。乾代表健动不息，坤代表柔顺之德，乾在下，坤在上，这就是“内健而外顺”，内心刚健、外表谦柔，这是君子之道。君子在内，小人在外，这是君子之道发扬光大，小人之道日渐消亡，通泰之道以此而成。泰卦的取象，既取阴阳交合自然之象，又取君子道长、小人道消的人文之象，因为这两者本来就是一致的。

3.《大象辞》

《象》曰：天地交泰，后以财成天地之道，辅相天地之宜，以左右民。

“后”，《尔雅》解释是“君也”，指国君，包括天子与诸侯。“财”一般认为是通假字，通“裁”，剪裁、成就，也有学者认为不是通假，就以“财宝”的意思理解。《程传》讲：“天地交而阴阳和，则万物茂遂，所以泰也。人君当体天地通泰之象，而以财成天地之道，辅相天地之宜，以左右生民也。财成，谓体天地交泰之道，而财制成其施为之方也。”天地相交而阴阳相合，那么万物就会繁茂成就，所以会通泰。人君应当体察天地通泰的物象，然后用来“财成”天地之道，辅助天地按照其所适宜的方法生养万物，用来帮助天下万民。“财成”就是体察天地阴阳交泰、自然界财富就会充足的道理，形成国家治理的方法（重在《彖辞》所讲的君臣上下志同道合，内君子而外小人）。刚才讲过，“财”一般来讲是通“裁”，像剪刀一样。天地阴阳二气的交流是小往大来，阴往上、阳往下，就形成了剪刀剪东西的样子。通过阴阳二气的裁剪运动，万物获得生机、生生不息，米面瓜果、鸟兽虫鱼等等得以生长，这就是自然界的“财”；通过天地阴阳裁剪运动、相和相交、四时变化而产生了“财产”。裁、财两说这样联系起来，似乎都讲得通。

前面是解释了“财成天地之道”，《程传》后面又重点解释“辅相天地之宜，以左右民”，“辅相天地之宜，天地通泰，则万物茂遂，人君体之而为法制，使民用天时，因地利，辅助化育之功，成其丰美之利也。如春气发生万物，则为播植之法；秋气成实万物，则为收敛之法，乃辅相天地之宜，以左右辅助于民也。民之生，必赖君上为之法制以教率辅翼之，乃得遂其生养，是左右之也”。

辅助天地所适宜的，天地通泰，万物就会茂遂，人君体察这些然后为之制定法制，让民众顺着天时地利，辅助天地化育的功德，成就丰美的利益。就像春天的气息发育、生长万物，就因之而为播种、种植的法则；秋天的气息成熟、充实万物，就因之而为收获、敛藏的法则。这就是辅助天地所适宜的，用来辅助万民。万民必定要仰赖君主为之制定法则以教育、率领、辅助他们，然后才能成就其生育长养，这也就是佐佑、帮助他们。程颐就是这样解释的，主要说人君根据天地四季规律让民众春天耕种、秋天收获，按照天时来开展生产活动。但是我们也可以引申一下，讲成一个国家治理之道。君王是尊贵者，属于“阳”，但要以谦逊的姿态放低身段，去倾听臣下和民众的意见，像舜“清问下民”，这就是小往大来，天地交泰，上下交而其志同，这是管理的法则。一方面要讲天尊地卑，但另一方面也要强调尊贵者经常深入臣民之下，走群众路线。

《晏子春秋》里边有“景公朝居严，下不言，晏子谏”的故事：“晏子朝，复于景公曰：朝居严乎！公曰：严居朝，则曷害于治国家哉？晏子对曰：朝居严则下无言，下无言则上无闻矣。下无言则吾谓之喑，上无闻则吾谓之聋。聋喑，非害国家而如何也！且合升斗之微以满仓廪，合疏缕之绨以成帏幕，大山之高，非一石也，累卑然后高，天下者，非用一士之言也，固有受而不用，恶有拒而不受者哉！”孔子、晏子、齐景公都是同一时代的人，晏子为齐国上大夫。有一天，晏子上朝，告诫齐景公说他在朝廷上过于威严了，齐景公问：在朝廷上威严一些对治理国家有坏处吗？晏子提出，君王在朝廷上过于威严，则臣下因为畏惧不敢说真话，君王就听不到不同意见。臣下不言就是“哑”，君王无闻就是“聋”，上聋下哑，肯定是有害于国家治理的。满仓的粮食是一升一斗粮食汇聚的，巨大的帏幕是无数条稀疏纬线织成的，高耸的大山是众多石块垒成的，治理国家不是听一人的建议就行的，可以倾听意见而不采纳，但哪里有拒绝所有意见而独断专行的呢？这个故事提醒管理者要放下身段，小往大来，要群言堂，不要一言堂，才能让社会焕发生机，这是泰卦给予我们的重要启迪。

二、爻辞释义

1.同心协力以成天下之泰

初九：拔茅茹，以其汇征，吉。《象》曰：拔茅征吉，志在外也。

“茅”是茅草；“茹”是盘根错节、相互牵引的样子。把茅草拔起来，其根部相牵连，其他的茅草也被连带着拔起来了。《程传》注释说：“初以阳爻居下，是有刚明之才而在下者也。时之否，则君子退而穷处；时既泰，则志在上进也。君子之进，必与其朋类相牵援，如茅之根然，拔其一则牵连而起矣。茹，根之相牵连者，故以为象。汇，类也。贤者以其类进，同志以行其道，是以吉也。”泰卦六个爻都是有应的，初九爻是阳爻居下位，所以爻位的定性是刚明之才而在下位。如果是否卦，处在否闭之时运，那么君子只有退而穷处；但现在是泰卦，安泰之时运，可以有所作为，所以必然要上进。君子要上进，一定会和他的朋友同类相牵援，就像茅草的根一样，拔其中的一根必然牵出一堆。“茹”是根相牵连的茅草，所以此爻用茅草这个物象类比爻象。“汇”就是类，贤者依靠同类而展开抱负，招募同志以实现理想，当然会吉祥。

《程传》又进一步阐释：“君子之进，必以其类，不唯志在相先，乐于与善，实乃相赖以济。故君子小人，未有能独立不赖朋类之助者也。自古君子得位，则天下之贤萃于朝廷，同志协力，以成天下之泰；小人在位，则不肖者并进，然后其党胜而天下否矣。盖各从其类也。”君子积极上进，一定会有朋友同类相互帮助，不仅仅是因为志向相同，乐于共享好机遇，还因通向安泰的旅途之中必然有困难艰险，需要朋友同道同舟共济、共渡艰难。所以不管是君子还是小人，独木难成林，都要依赖其朋友同类的帮助。所以自古君子得位之后，天下的贤才都会荟萃于朝廷，同心协力，以建成通泰盛世；小人在位，那些不肖之徒也都来了，就形成了朋党之争，党祸、党锢由此而起，天下进入否闭时期，君子小人都是各从其类。

初九《象辞》是“拔茅征吉，志在外也”。《程传》注释：“时将泰，则群贤皆欲上进。三阳之志欲进，同也，故取茅茹汇征之象。志在外，上进也。”这里将拔一堆茅草的物象与下面的三个阳爻联系在一起，指出时运将要通泰，三个阳爻是同类，比拟为一群茅草盘根错节、扎堆抱团，引申为群贤志向在外，一起想要上进。

2. 安泰之世的治国四原则

九二：包荒，用冯河，不遐遗，朋亡，得尚于中行。《象》曰：包荒，得尚于中行，以光大也。

初九爻讲的是君子顺势而为、齐心协力，创造一个安泰之世，但真正的安泰之世来临了，大家就会发现，“安泰”只是相对的，其中也充满了危机，承平日久，民多淫逸，问题多多。延续太平盛世，主要是做好问题管理、危机管理。九二爻讲的就是这个问题。九二是这一卦的主爻，是“主治泰者”，是治理安泰之世的最关键的人。《程传》先分析九二爻的爻位：“二以阳刚得中，上应于五；五以柔顺得中，下应于二。君臣同德，是以刚中之才，为上所专任，故二虽居臣位，主治泰者也，所谓上下交而其志同也。故治泰之道，主二而言。”九二爻以阳刚之德处在中位，上应于六五爻。六五爻以柔顺之德而居中位，下应于九二。君臣同德，程颐讲过“中重于正”，有中德，即便是阳爻居二、阴爻居五，也包含“正”道。九二爻的臣子凭借着自己刚中的才德为在上的君主所专任，所以九二虽然居于臣子的位置，却是主持通泰之世施政方略的人，这就是“上下交而其志同也”，君臣肝胆相照，相互信任，治泰之道的关键，在于本卦的九二爻。我们前面讲过，程颐在解释《周易》的时候，非常注重发挥“六五”与“九二”之间的关系，柔顺之君配上刚明之臣，柔顺的君王能听取刚明之臣的意见和建议，君王让他们放手工作、发挥才干。有人讲儒家教人愚忠愚孝，实际上不是这样，儒家一直试图限制君权，把君王打造成柔顺之君、大臣塑造成刚明之臣，然后君臣共治，这更符合他们的想法。《程传》接着重点阐释爻辞的含义：“包荒、用冯河、不遐遗、朋亡，四者处泰之道也。”这四个要素是管理通泰之世的大原则。

首先看“包荒”。“人情安肆，则政舒缓而法度废弛，庶事无节。治之之道，必有包含荒秽之量，则其施为宽裕详密，弊革事理而人安之。若无含弘之度，有忿疾之心，则无深远之虑，有暴扰之患，深弊未去，而近患已生矣，故在‘包荒’也。”社会处在比较长的安泰之时、和平发展时期，不像战争、危难时期有严格的法度。安泰之时，人们贪图安逸，施政舒缓，管理比较松散，法度执行也没那么严格，古人称为“承平日久，民佚志淫”。繁荣的表相下掩盖着很多问题，贪污腐败、施政低效、扯皮推诿等问题都很容易发生。九二爻作为刚中之臣，在主持治理安泰之世的国家，要处理这些问题，但又不能心急，要有“包荒”即包含荒秽之量，宰相肚里能撑船，有心胸来容纳它。有了“包荒”之气量之后，其施政方略宽裕而又严密，能够逐渐革除弊政，安定人心。如果说没有含弘之心、包荒之度，看出问题之后，就愤愤不平、贸然应对，总想一个早上解决所有问题，这是“无深远之虑，有暴扰之患”。本来是想革除积弊、解决问题，结果又捅出一个更大的篓子，根深蒂固的弊端没有革去，迫在眉睫的祸害又产生。历史上很多失败的变法都是这样的，发现的问题是对的，但解决问题的步骤、时机错了，没有解决潜伏的问题，反倒使得潜伏的问题表面化，引起社会动荡。所以，“包荒”是领导者的第一个素养，能发现荒秽、发现问题，但能够暂时容忍和容纳，不浮躁、不贸然应对。

第二个素养则是“用冯河”。“冯”读音为“凭”，指徒步涉河，

《程传》将之理解为济深越险、果敢决断的精神，“冯河之勇”与“包荒之量”是相辅相成的关系。“‘用冯河’：泰宁之世，人情习于久安，安于守常，惰于因循，惮于更变，非有冯河之勇，不能有为于斯时也。冯河，谓其刚果足以济深越险也。自古泰治之世，必渐至于衰替，盖由狃习安逸，因循而然。自非刚断之君，英烈之辅，不能挺特奋发以革其弊也，故曰‘用冯河’。或疑：上云‘包荒’，则是包含宽容；此云‘用冯河’，则是奋发改革，似相反也。不知以含容之量，施刚果之用，乃圣贤之为也。”安泰之世，表面上风平浪静，人们习惯于这长久的安定，因循守旧而充满惰性、害怕变革，但问题已经不断滋生，如果不对症下药，而是讳疾忌医，“泰”很快就会变成“否”。自古以来，总是治乱兴替、成败相随，安泰之世一定会渐渐衰微，乃至改朝换代，都是因为习惯安逸、因循惧变而形成的。所以，如果没有徒步涉河、跨越险难的“冯河之勇”，就不能在这个时代有所作为。如果不是刚强决断的君主、英武刚烈的辅臣，就不能奋发以革除这弊端。“包荒之量”和“冯河之勇”看似矛盾，一个要包含荒秽、讲宽裕详密，一个要奋发果断、革除积弊，但这两者正是君子应该同时具备的。以含容之量，施刚果之用，这正是圣贤之为。苏东坡在《晁错论》中指出：“天下之患，最不可为者，名为治平无事，而其实有不测之忧。坐观其变，而不为之所，则恐至于不可救；起而强为之，则天下狃于治平之安，而不吾信。惟仁人君子豪杰之士，为能出身为天下犯大难，以求成大功。”这里所说的仁人君子、豪杰之士，就是兼具“包荒之量”与“冯河之勇”的人。

第三个素养是“不遐遗”。《程传》释云：“‘不遐遗’：泰宁之时，人心狃于泰，则苟安逸而已，恶能复深思远虑，及于遐远之事哉？治夫泰者，当周及庶事，虽遐远不可遗。若事之微隐，贤才之在僻陋，皆遐远者也，时泰则固遗之矣。”安泰平和的时候，普通管理者苟且偷安，不能深思远虑，就像《左传》曹刿论战所说：“肉食者鄙，未能远谋。”治理安泰之世，应当全盘统筹、小心应对，即使是很遥远的事情也不能忽略。比如非常隐微但关键的事情、在偏远地区隐居的贤才，这些都是遐远的事情。安泰之世，可能不像乱世那么求贤若渴、防微杜渐，就容易遗忘这些“遐远”之人、“遐远”之事。

第四个素养是“朋亡”。“‘朋亡’：夫时之既泰，则人习于安，其情肆而失节。将约而正之，非绝去其朋与之私，则不能也，故云‘朋亡’。自古立法制事，牵于人情，卒不能行者多矣。若夫禁奢侈则害于近戚，限田产则妨于贵家，如此之类，既不能断以大公而必行，则是牵于朋比也。治泰不能朋亡，则为之难矣。”“朋亡”跟“不遐遗”又是相对关系。“不遐遗”强调是人才都要网罗进来，“朋亡”则是要杜绝朋党。网罗人才是为国举贤，不是培养私人势力。程颐指出，祥和安泰的时代，人们习惯于安定，人情渐渐放肆而失去礼节。如果想要约束框定这些，就要杜绝朋党私情，这就是“朋亡”。自古到今，制定法令，最后因为人情而不能够实施的事很多，如那些禁止奢侈就会损害皇室近戚、限制田产就会妨害贵族之家等。比如 1948 年，国民党政权委派蒋经国到上海去反腐败、“打老虎”，一开始很有气势，最后打到孔祥熙的长子孔令侃，亲戚套亲戚、朋比为奸，就打不下去了，不久国民党政权就垮台了。如果不能以大公之心去推进工作，必然被各种关系所牵扯；如果不能够打破关系网，不能够去朋党之私，就很难推行改革、杜绝隐患而延续祥和盛世。

最后，《程传》通过解释“得尚于中行”对九二之道进行总结：“治泰之道，有此四者，则能合于九二之德，故曰‘得尚于中行’，言能配合中行之义也。尚，配也。”治理通泰之世的道理，有“包荒、用冯河、不遐遗、朋亡”这四项，就能合于九二爻的德行，刚明之臣与柔顺之君完美合作，以中德相互配合，君臣一心而有所作为。

九二《象辞》是“包荒，得尚于中行，以光大也”，《程传》说：“《象》举‘包荒’一句，而通解四者之义。言如此，则能配合中行之德，而其道光明显大也。”《象传》只举“包荒”，也含括了用“冯河、不遐遗、朋亡”这三点，指出只有这样才能配合中行之德，其道才能光明显大。通过学习泰卦的九二爻，我们了解到治理安泰之世，重点是革除积弊、防微杜渐，由此也可以看出《周易》之中充满了忧患意识。

3. 无平不陂，无往不复

> 九三：无平不陂，无往不复，艰贞无咎。勿恤其孚，于食有福。《象》曰：无往不复，天地际也。

这一爻的重点还是居安思危的忧患意识。《程传》说：“三居泰之中，在诸阳之上，泰之盛也。物理如循环，在下者必升，居上者必降，泰久而必否。”九三爻居泰卦的中间，在三个阳爻的最上方，代表安泰之世发展到了鼎盛时期，而万物成长之理都是此消彼长、循环往复，久在下者必然逐渐上升，久在上者必然逐渐下降，盛极必衰，安泰久了必然走向否闭。《程传》接着注释爻辞的前半部分“无平不陂，无往不复，艰贞无咎”，指出：“故于泰之盛与阳之将进，而为之戒曰：无常安平而不险陂者，谓无常泰也；无常往而不返者，谓阴当复也。平者陂，往者复，则为否矣，当知天理之必然。方泰之时，不敢安逸，常艰危其思虑，正固其施为，如是则可以无咎。处泰之道，既能艰贞，则可常保其泰，不劳忧恤；得其所求也，不失所期。”九三爻是泰卦阴阳爻转换的临界点，安泰之世达到鼎盛，就有告诫性的爻辞，前进的道路不会永远是坦途，总有险坡坎坷，没有永远的安泰之世，没有永远往前而不返回的，此时有阴气复盛、阳气衰减的趋势。坦途变为险坡，前进变成后退，这就是“否闭”的时运来临了，应当知道这是天理运行的必然结果。但忧患意识可以减缓、延后否泰交换的到来。安泰之世蕴含着各种矛盾，这个时候如果能够长怀忧患意识，把矛盾消除在萌芽状态，其施政方略既可以守持正固、培本固元，又可以发现问题提早预防、及时补救的，就可以达到“无咎”。乾卦里面说，“无咎者，善补过也”，无咎的关键是善于补救过失，把各种在安泰鼎盛出现的、可能导致盛极而衰的问题都补救好、解决好，这是关键。处在安泰之世，常保艰贞忧患之念，就可以长久地保持安泰，而避免问题爆发之后的忧虑、忧愁，得到自己所追求的常保太平的理想，不会失去来之不易的和谐盛世。

最后，《程传》又解释爻辞的“勿恤其孚，于食有福”：“为孚如是，则于其禄食有福益也。禄食谓福祉。善处泰者，其福可长也。盖德善日积，则福禄日臻，德逾于禄，则虽盛而非满。自古隆盛，未有不失道而丧败者也。”能有如此诚挚为国之心，则对自己的事业、待遇也是有益的。“禄食”也就代表着自己的福祉、工作待遇。若能以忧患意识善处于安泰之世，他的福祉就会长久。因为善的德行每天积累，福禄也就每天向自己靠近。虽然你的待遇很高，但只要你的德行、功业是高于你所享受的待遇，这就不是满盈。你所享受的待遇就像米饭，福德就是饭碗，如果饭碗很大，饭多一点也没事。但如果你的德很薄、功劳很小，在安泰之世贪图享受、尸位素餐，就会加速否闭之世的到来，就像一个小碗，加多一点饭就要漫出来，那就是“禄逾于德”。自古以来，这种“禄逾于德”的隆盛者，没有不因为失道而丧亡败乱的。

《象》曰：“无往不复，天地际也。”《程传》释云：“无往不复，言天地之交际也。阳降于下，必复于上；阴升于上，必复于下，屈伸往来之常理也。因天地交际之道，明否泰不常之理，以为戒也。”日往月来、寒往暑来，无往不复，这是天地交会运行的规律。阳暂时降在下面，一定会回到上面；阴暂时升到上面，一定会回到下面，这就是屈伸往来的常理。泰卦九三的《象辞》就是借着天地交会的现象，说明否塞和通泰都不会永恒，总是循环往复的道理。虽然否泰都不会长久，但君子却要居安思危，尽可能地以戒惧之心排忧解难，维持安泰之世相对的长久，让人民享受幸福安康的生活。

4. 四已过中，理必变也

六四：翩翩，不富以其邻，不戒以孚。《象》曰：翩翩不富，皆失实也。不戒以孚，中心愿也。

“翩翩”是快速飞动的样子。“不富以其邻”，其邻人不因为财富而是道义来跟从他。“不戒以孚”，“戒”通“诫”，不待告诫而诚意相合。《程传》解释说：“六四处泰之过中，以阴在上，志在下复，上二阴亦志在趋下。翩翩，疾飞之貌。四翩翩就下，与其邻同也。邻，其类也，谓五与上。夫人富，而其类从者，为利也。不富而从者，其志同也。三阴皆在下之物，居上乃失其实，其志皆欲下行，故不富而相从，不待戒告而诚意相合也。”六四这一爻处于泰卦超过中间的位置，作为阴爻而居在上面，而阴气下沉、阳气上升是自然规律，六四爻的心志是想回到下面的，上面两个阴爻也想往下沉降。“翩翩”是快速飞翔的样子，六四爻和相邻的六五爻、上六爻都想翩翩向下飞翔。人有钱，别人跟他一起向下飞，是为了贪他的钱财好处；领头的人没有钱财，同伴还愿意在一起，而且是一起向下飞、走充满困难的下坡路，是因为他们的志向相同。三个阴爻的性质都是阴沉向下的，长久聚在上面也不合理，所以它们的志向都是往下走，往下走不是为了追求富贵，而是顺应规律，不待他人告诫、催促就自然而然地向下走了。就像英国，在 19 世纪是世界上最强盛的国家，但盛极而衰，20 世纪以来，主动调整国家定位，带着一批“小兄弟”主动向下寻求合适的位置，从西方世界的领导者调整为以美国为主的西方世界跟随者。现在是 21 世纪，美国也有些盛极将衰的趋势了，走到六四爻的阶段了，该怎么办？我们还要静观其变。

《程传》进一步总结：“夫阴阳之升降，乃时运之否泰，或交或散，理之常也。泰既过中，则将变矣。圣人于三，尚云艰贞则有福，盖三为将中，知戒则可保。四已过中矣，理必变也，故专言始终反复之道。五，泰之主，则复言处泰之义。”阴阳的升降，就是时运的否泰，或者天地相交进入安泰盛世，或者天地不交进入否闭的乱世，这都是历史的规律。泰卦六四爻既然超过中位，就将发生变化。《周易》作者对于九三爻说艰贞就会有福，这是因为九三是接近而没有超过中位，还没有超过盛极而衰的临界点，知道戒惧就能保持安泰。但六四爻已经超过了临界点，从道理上讲必然会衰落，所以此爻专说始终反复的道理。六五爻是泰卦的主爻，就接着讲怎样保持安泰盛世的道理。

《象辞》是："翩翩不富，皆失实也。不戒以孚，中心愿也。"三阴都属于在下之物，而在上面，这样叫"失实"。《程传》说："翩翩，下往之疾。不待富而邻从者，以三阴在上，皆失其实故也。阴本在下之物，今乃居上，是失实也。不待告戒而诚意相与者，盖其中心所愿故也。理当然者天也，众所同者时也。"三个阴爻不因为利益、不待他人催赶，就志同道合地往下极速飞翔，这是因为阴爻本来就不能久处上位，它们内心中都愿意向下找到属于自己的位置。人无千日好、花无百日红，天道消长变化是理所当然，时运否泰转换也是大家都熟知的规律。

5. 君王信任贤臣，治成安泰盛世

> 六五：帝乙归妹，以祉，元吉。《象》曰：以祉元吉，中以行愿也。

程颐注释《周易》注重"随时取义、移步换景"，从六四爻的角度来看六五、上六，都属于必然下行的群阴。但从六五爻自身来看，则主要从阴爻居中、与九二有应来阐明柔顺之君如何延续、治理安泰之世的道理。

帝乙是商代的帝王。有人说是商汤，有人说是商纣王的父亲。"归"就是女子出嫁。"妹"是少女。"帝乙归妹"即出嫁他的女儿。"以祉"就是福祉。"元吉"为吉祥。《程传》释云："史谓汤为天乙，厥后有帝祖乙，亦贤王也；后又有帝乙。《多士》曰：'自成汤

至于帝乙，罔不明德恤祀。’称‘帝乙’者，未知谁是。以爻义观之，帝乙，制王姬下嫁之礼法者也。自古帝女，虽皆下嫁，至帝乙然后制为礼法，使降其尊贵，以顺从其夫也。六五以阴柔居君位，下应于九二刚明之贤。五能倚任其贤臣而顺从之，如帝乙之归妹然，降其尊而顺从于阳，则以之受祉，且元吉也。元吉，大吉而尽善者也，谓成治泰之功也。”历史上记载商汤是天乙，其后又有帝祖乙，也是一个贤明的君王，后来又有个帝乙。《尚书·多士》也记载说：自成汤至于帝乙，没有不显明德行、谨慎祭祀的。爻辞中的“帝乙”具体指谁不清楚，但从这一爻的意思来看，帝乙是制定王室女儿下嫁礼法的君王。自古以来都有王者的女儿下嫁，但是到了帝乙才制定其礼法，使帝女卑降她的尊贵、顺从她的丈夫。唐太宗的三女儿南平公主下嫁唐初名相王珪的小儿子王敬直。按照古礼规定，刚进门的媳妇，虽然贵为公主，也要专门拜见公婆，可是南北朝以后礼教废弛，当时公主下嫁普遍不遵守这个礼节了。王珪却坚持，提出凡事都遵守礼法，以成就国家礼仪之邦的美名。当时舆论都说他做得对，唐太宗也表示赞赏，所以唐初又恢复了公主下嫁尊敬夫婿家人、拜见公婆的礼节。通过公主下嫁尊敬丈夫及家人的故事，引申出六五爻与九二爻的关系，六五爻以阴柔之德而居于君位，和下面有刚明之德的九二相应。在安泰之世，内在的问题也会很多，治理起来很复杂，六五爻能信赖、依靠九二贤臣，就像公主下嫁，卑降她的尊贵而顺从于夫婿，这样就会受到福祉而大吉大利、尽善尽美，让六五之君垂拱而治、九二之臣运筹帷幄，共同成就治理安泰盛世的功劳。

《象辞》：“以祉元吉，中以行愿也。”《程传》释云：“所以能获祉福且元吉者，由其以中道合而行其志愿也。有中德，所以能任刚中之贤，所听从者皆其志愿也。非其所欲，能从之乎？”六五之君之所以能获得福祉并且元吉，那是因为六五与九二中道相合，同声相应、同气相求，共同达成君王的意愿。六五爻有中德，所以能任用九二爻刚中的贤臣，九二贤臣的建言都符合六五之君的志愿。如果九二之臣与他的想法不一样，君王是不可能完全放手、顺从于他的。

6. 城复于隍，泰极否至

上六：城复于隍，勿用师。自邑告命，贞吝。《象》曰：城复于隍，其命乱也。

《程传》首先解释“城复于隍”：“掘隍土积累以成城，如治道积累以成泰。及泰之终，将反于否，如城土颓圮，复反于隍也。上，泰之终，六以小人处之，行将否矣。”“隍”就是护城河，城墙是挖护城河的土而筑成。挖掘城沟之土堆积成墙，就好像励精图治，积累成安泰盛世。安泰的时局结束了，返回于否闭乱世，就好像城墙的土坍塌了，又回到沟里一样。上六爻是泰卦的终结，代表小人居在泰卦——安泰之世的终结点，将要变成否闭乱世。

下面解释“勿用师”：“君之所以能用其众者，上下之情通而心从也；今泰之将终，失泰之道，上下之情不通矣，民心离散，不从其上，岂可用也？用之则乱。”师者众也，军队也是由老百姓组建的，用兵之道也要合于民心。君主之所以能动员人民、使用人民，乃至动用军事力量勤王护驾，是因为君民上下之间情志相通，老百姓从内心拥护君王。现在安泰的局面即将终结，分析其背后的原因，还是君民上下的情志不通、民心离散，怎么能够为君所用呢？如果强行使用，反倒会加速动乱的到来，像商纣王在牧野之战所用之师，就临阵倒戈。

最后再看“自邑告命，贞吝”。“众既不可用，方自其亲近而告命之，虽使所告命者得其正，亦可羞吝。邑，所居，谓亲近，大率告命必自近始。凡‘贞吝’，有二义：有贞固守此则凶吝者，有虽得正亦凶吝者。此不云‘贞凶’，而云‘贞吝’者，将否而方告命，为可羞吝，否不由于告命也。”“告命”，即“诰命”，指“训诰政令”。此是国家将乱，所发的诰命犹如后世的罪己诏。“师”既然不能用，就只好反省自己。“邑”是居住的地方，代指的是亲近之人，与自己所亲近的人一起开始检讨，发布诰命，发布罪己诏。即便那些诰命得其中正，对于问题的分析是对的，也只是让人感到羞愧悔恨，并不一定能挽回败局。《周易》书中讲到“贞吝”，有两种意思：第一是因贞固地坚守而导致凶吝的，第二是虽然坚持正道还不能避免凶吝，此处是第二种意思。爻辞不说“贞凶”，而说“贞吝”，是时局已经明显地由泰变否，君王才不能不下罪己诏去反省自己的过失，只有羞愧悔恨的作用，难以知耻近乎勇而去改革弊政。积弊丛生，来不及了。虽然发布反省的诰命于事无补，但并不代表反省本身有错误，“否闭”不是发布反省过错的诰命所导致的，而是反省得太晚所导致的。

《象辞》是“城复于隍，其命乱也”，《程传》释云：“城复于隍矣，虽其命之，乱不可止也。”城墙的土回到沟里去了，趋势已经不可改变，虽然君主发布了反省过错的诰命，动乱也没法停止啊。就像蒋介石在 1949 年曾假意宣布下野，承担政治责任，但民心已经离散，不是靠一个诰命、一个反省就能够收回民心的，乱局已定，一切都于事无补。泰卦最后的结尾是讲否闭、讲乱世。古人在阐述安泰之世的时候，充满着忧患意识，这是中国文化的一个基本特点，也是《周易》的根本特点。

附：《周易程氏传》原文

泰卦

乾下坤上

泰，《序卦》："履而泰，然后安，故受之以泰。"履得其所则舒泰，泰则安矣，泰所以次履也。为卦，坤阴在上，乾阳居下。天地阴阳之气相交而和，则万物生成，故为通泰。

泰：小往大来，吉亨。

小谓阴，大谓阳。往，往之于外也。来，来居于内也。阳气下降，阴气上交也。阴阳和畅，则万物生遂，天地之泰也。以人事言之：大则君上，小则臣下，君推诚以任下，臣尽诚以事君，上下之志通，朝廷之泰也；阳为君子，阴为小人，君子来处于内，小人往处于外，是君子得位，小人在下，天下之泰也。泰之道，吉而且亨也。不云"元吉""元亨"者，时有污隆，治有小大，虽泰，岂一概哉？言"吉亨"则可包矣。

《彖》曰：泰，小往大来，吉亨，则是天地交而万物通也，上下交而其志同也。

"小往大来"，阴往而阳来也，则是天地阴阳之气相交，而万物得遂其通泰也。在人，则上下之情交通，而其志意同也。

内阳而外阴，内健而外顺，内君子而外小人，君子道长，小人道消也。

阳来居内，阴往居外，阳进而阴退也。乾健在内，坤顺在外，为“内健而外顺”，君子之道也。君子在内，小人在外，是“君子道长，小人道消”，所以为泰也。既取阴阳交和，又取君子道长。阴阳交和，乃君子之道长也。

《象》曰：天地交泰，后以财成天地之道，辅相天地之宜，以左右民。

天地交而阴阳和，则万物茂遂，所以泰也。人君当体天地通泰之象，而以财成天地之道，辅相天地之宜，以左右生民也。财成，谓体天地交泰之道，而财制成其施为之方也。辅相天地之宜，天地通泰，则万物茂遂，人君体之而为法制，使民用天时，因地利，辅助化育之功，成其丰美之利也。如春气发生万物，则为播植之法；秋气成实万物，则为收敛之法，乃辅相天地之宜，以左右辅助于民也。民之生，必赖君上为之法制以教率辅翼之，乃得遂其生养，是左右之也。

初九：拔茅茹，以其汇征，吉。

初以阳爻居下，是有刚明之才而在下者也。时之否，则君子退而穷处；时既泰，则志在上进也。君子之进，必与其朋类相牵援，如茅之根然，拔其一则牵连而起矣。茹，根之相牵连者，故以为象。汇，类也。贤者以其类进，同志以行其道，是以吉也。君子之进，必以其类，不唯志在相先，乐于与善，实乃相赖以济。故君子小人，未有能独立不赖朋类之助者也。自古君子得位，则天下之贤萃于朝廷，同志协力，以成天下之泰；小人在位，则不肖者并进，然后其党胜而天下否矣。盖各从其类也。

《象》曰：拔茅征吉，志在外也。

时将泰，则群贤皆欲上进。三阳之志欲进，同也，故取茅茹汇征之象。志在外，上进也。

九二：包荒，用冯河，不遐遗，朋亡，得尚于中行。

二以阳刚得中，上应于五；五以柔顺得中，下应于二。君臣同德，是以刚中之才，为上所专任，故二虽居臣位，主治泰者也，所谓上下交而其志同也。故治泰之道，主二而言。包荒、用冯河、不遐遗、朋亡，四者处泰之道也。人情安肆，则政舒缓而法度废弛，庶事无节。治之之道，必有包含荒秽之量，则其施为宽裕详密，弊革事理而人安之。若无含弘之度，有忿疾之心，则无深远之虑，有暴扰之患，深弊未去，而近患已生矣，故在"包荒"也。"用冯河"：泰宁之世，人情习于久安，安于守常，惰于因循，惮于更变，非有冯河之勇，不能有为于斯时也。冯河，谓其刚果足以济深越险也。自古泰治之世，必渐至于衰替，盖由狃习安逸，因循而然。自非刚断之君，英烈之辅，不能挺特奋发以革其弊也，故曰"用冯河"。或疑：上云"包荒"，则是包含宽容；此云"用冯河"，则是奋发改革，似相反也。不知以含容之量，施刚果之用，乃圣贤之为也。"不遐遗"：泰宁之时，人心狃于泰，则苟安逸而已，恶能复深思远虑，及于遐远之事哉？治夫泰者，当周及庶事，虽遐远不可遗。若事之微隐，贤才之在僻陋，皆遐远者也，时泰则固遗之矣。"朋亡"：夫时之既泰，则人习于安，其情肆而失节。将约而正之，非绝去其朋与之私，则不能也，故云"朋亡"。自古立法制事，牵于人情，卒不能行者多矣。若夫禁奢侈则害于近戚，限田产则妨于贵家，如此之类，既不能断以大公而必行，则是牵于朋比也。治泰不能朋亡，则为之难矣。治泰之道，有此四者，则能合于九二之德，故曰“得尚于中行”，言能配合中行之义也。尚，配也。

《象》曰：包荒，得尚于中行，以光大也。

《象》举“包荒”一句，而通解四者之义。言如此，则能配合中行之德，而其道光明显大也。

九三：无平不陂，无往不复，艰贞无咎。勿恤其孚，于食有福。

三居泰之中，在诸阳之上，泰之盛也。物理如循环，在下者必升，居上者必降，泰久而必否。故于泰之盛与阳之将进，而为之戒曰：无常安平而不险陂者，谓无常泰也；无常往而不返者，谓阴当复也。平者陂，往者复，则为否矣，当知天理之必然。方泰之时，不敢安逸，常艰危其思虑，正固其施为，如是则可以无咎。处泰之道，既能艰贞，则可常保其泰，不劳忧恤；得其所求也，不失所期。为孚如是，则于其禄食有福益也。禄食谓福祉。善处泰者，其福可长也。盖德善日积，则福禄日臻，德逾于禄，则虽盛而非满。自古隆盛，未有不失道而丧败者也。

《象》曰：无往不复，天地际也。

无往不复，言天地之交际也。阳降于下，必复于上；阴升于上，必复于下，屈伸往来之常理也。因天地交际之道，明否泰不常之理，以为戒也。

六四：翩翩，不富以其邻，不戒以孚。

六四处泰之过中，以阴在上，志在下复，上二阴亦志在趋下。翩翩，疾飞之貌。四翩翩就下，与其邻同也。邻，其类也，谓五与上。夫人富，而其类从者，为利也。不富而从者，其志同也。三阴皆在下之物，居上乃失其实，其志皆欲下行，故不富而相从，不待戒告而诚意相合也。夫阴阳之升降，乃时运之否泰，或交或散，理之常也。泰既过中，则将变矣。圣人于三，尚云艰贞则有福，盖三为将中，知戒则可保。四已过中矣，理必变也，故专言始终反复之道。五，泰之主，则复言处泰之义。

《象》曰：翩翩不富，皆失实也。不戒以孚，中心愿也。

翩翩，下往之疾。不待富而邻从者，以三阴在上，皆失其实故也。阴本在下之物，今乃居上，是失实也。不待告戒而诚意相与者，盖其中心所愿故也。理当然者天也，众所同者时也。

六五：帝乙归妹，以祉，元吉。

史谓汤为天乙，厥后有帝祖乙，亦贤王也；后又有帝乙。《多士》曰："自成汤至于帝乙，罔不明德恤祀。"称"帝乙"者，未知谁是。以爻义观之，帝乙，制王姬下嫁之礼法者也。自古帝女，虽皆下嫁，至帝乙然后制为礼法，使降其尊贵，以顺从其夫也。六五以阴柔居君位，下应于九二刚明之贤。五能倚任其贤臣而顺从之，如帝乙之归妹然，降其尊而顺从于阳，则以之受祉，且元吉也。元吉，大吉而尽善者也，谓成治泰之功也。

《象》曰：以祉元吉，中以行愿也。

所以能获祉福且元吉者，由其以中道合而行其志愿也。有中德，所以能任刚中之贤，所听从者皆其志愿也。非其所欲，能从之乎?

上六：城复于隍，勿用师。自邑告命，贞吝。

掘隍土积累以成城，如治道积累以成泰。及泰之终，将反于否，如城土颓圮，复反于隍也。上，泰之终，六以小人处之，行将否矣。“勿用师”：君之所以能用其众者，上下之情通而心从也；今泰之将终，失泰之道，上下之情不通矣，民心离散，不从其上，岂可用也？用之则乱。众既不可用，方自其亲近而告命之，虽使所告命者得其正，亦可羞吝。邑，所居，谓亲近，大率告命必自近始。凡“贞吝”，有二义：有贞固守此则凶吝者，有虽得正亦凶吝者。此不云“贞凶”，而云“贞吝”者，将否而方告命，为可羞吝，否不由于告命也。

《象》曰：城复于隍，其命乱也。

城复于隍矣，虽其命之，乱不可止也。

第八讲 否卦解说

泰卦并不是一味地歌颂太平盛世，而是在安泰之时强调忧患意识。在否卦天地不通的时候，这种忧患就更强烈，但在忧患中也蕴含希望、看到光明，体现着中国文化的乐观精神。这是《周易》的又一特点，忧患意识与乐观精神都有。

《程传》对于否卦卦名、卦序的解释是："《序卦》：'泰者通也，物不可以终通，故受之以否。'夫物理往来，通泰之极则必否，否所以次泰也。为卦，天上地下。天地相交，阴阳和畅，则为泰。天处上，地处下，是天地隔绝，不相交通，所以为否也。"《序卦》说：泰是通泰，事物不可能一直通泰，所以接下来是否卦。万物之理就是循环往复，通泰到了极点就会否闭，否极泰来、泰极否至，这就是否排在泰后面的原因。此卦天在上、地在下，如果反过来，天下地上，天地相交，阴阳和畅，就是泰卦；但天在上、地在下，这是天地隔绝，不能交通，所以是否。

一、《卦辞》《彖辞》《象辞》释义

1.《卦辞》

否之匪人，不利君子贞，大往小来。

根据《周易》经文的通例，在“否之匪人”之前应当有一“否”字，作为卦名；或说卦辞中的“否”就是卦名，“之匪人”三字为衍文，但说法不一。

《程传》对“否之匪人”的解释是：“天地交而万物生于中，然后三才备。人为最灵，故为万物之首。凡生天地之中者，皆人道也。天地不交，则不生万物，是无人道，故曰‘匪人’，谓非人道也。消长阖辟，相因而不息。泰极则复，否极则倾。无常而不变之理，人道岂能无也？既否则泰矣。”就像泰卦所说，天地交而万物通，天地相交，万物才能在天地间生长，然后天、地、人三才就完备了。人最有灵性，是万物之首。生长在天地之间的万事万物都是人道所摄。天地不相交则万物不生，那自然就是没有了“人之道”，所以卦辞说“匪人”即是没有人类生存之道。消亡与生长，打开与关闭，互为因果、相互依赖、循环往复。泰到极点就会回到否，否塞到极点就会回到泰。世界总是处在变化之中，没有永恒不变的道理，人世间的发展规律也是这样，泰极否至，否极泰来。

《程传》接下来解释“不利君子贞，大往小来”：“夫上下交通，刚柔和会，君子之道也。否则反是，故‘不利君子贞’。君子正道否塞不行也。‘大往小来’，阳往而阴来也。小人道长，君子道消之象，故为否也。”像泰卦那样，乾下坤上、天下地上，天地自然就要交通往来，刚柔和合，这是君子之道。否卦则是乾上坤下、天上地下，天地不交、万物不通，所以“不利君子守持贞固”，君子所行的正道闭塞不通了。“大往小来”，是说阳往上、阴来下，阴阳隔绝，是小人之道生长、君子之道消亡的表现，所以这一卦代表的是“否闭乱世”。

2.《彖辞》

《彖》曰：否之匪人，不利君子贞，大往小来，则是天地不交而万物不通也，上下不交而天下无邦也。内阴而外阳，内柔而外刚，内小人而外君子，小人道长，君子道消也。

“否之匪人，不利君子贞，大往小来”，这一句是重复卦辞，后边的几句属于《彖辞》的阐发。《程传》注释云：“夫天地之气不交，则万物无生成之理。上下之义不交，则天下无邦国之道。建邦国所以为治也。上施政以治民，民戴君而从命，上下相交，所以治安也。今上下不交，是天下无邦国之道也。阴柔在内，阳刚在外，君子往居于外，小人来处于内，小人道长，君子道消之时也。”天地之气不相交流，万物就没有生成的道理。君臣隔绝、上下不相交流，天下就没有治国理政之道。建立邦国是为了治理黎民百姓。君上施政为民、治理民众，民众爱戴君主、服从管理，上下相交、君民一体，这才能长治久安。但否卦之时，上下不相交，君民隔绝，就是没有治国之道。阴柔在内，阳刚在外，君子被排挤到朝堂之外，小人来到国家管理的核心位置，这就是小人道长、君子道消的否闭时代来临了。

前面解释乾卦时，讲过唐太宗李世民的例子。李世民多年征战沙场，养成了威严的气度，当皇帝之后，文武百官见他都惊慌失措。唐太宗知道一个领导如果威严得让别人不敢亲近是不行的。所以他在大臣汇报工作的时候，必然和颜悦色，希望上下自然交流，听到有价值的不同意见。这对于管理者非常重要，是否泰转换的关键。《贞观政要》记载："贞观初，太宗谓萧瑀曰：朕少好弓矢，自谓能尽其妙。近得良弓十数，以示弓工。乃曰：皆非良材也。朕问其故，工曰：木心不正，则脉理皆邪，弓虽刚劲而遣箭不直，非良弓也。朕始悟焉。朕以弧矢定四方，用弓多矣，而犹不得其理。况朕有天下之日浅，得为理之意，固未及于弓，弓犹失之，而况于理。"唐太宗对太子少师萧瑀说，他年轻的时候喜爱弓箭，打仗的时候是用弓箭为兵器。唐朝刘𫗧所著《国朝传记》中记载李世民在虎牢关之战中的一段话："寡人持弓箭，公（尉迟敬德）把长枪相副，虽百万众亦无奈我何？"李世民说自己拿弓箭射击，尉迟敬德用长槊配合，在百万军中也游刃有余。由此可见，李世民确实是弓箭方面的行家里手。他收集到十几张好弓，把它们拿给做弓的工匠鉴赏，工匠竟说都不是好弓，原因是木条的中心不直、纹理不正，这样的弓虽然有劲，但箭射出去会有偏斜。李世民听后感叹说："我靠弓箭平定天下，多年弓箭不离身，对它的了解还不全面；而我当皇帝、管理天下的时间很短，以此类推，治国之道我不了解的应该更多。"于是命令五品以上的京官轮流在中书内省值班住宿，随时召见、促膝谈心，询问民间的疾苦和政教得失。唐太宗注重上下相交、君臣相交，这是贞观之治成功的重要原因。

而南北朝时期的陈后主陈叔宝则是否闭亡国的典型。陈叔宝继位之时，正值隋文帝开国。文帝欲灭陈朝统一天下，陈国已经危如累卵，但陈叔宝却依然纵酒赋诗，不闻外事，沿边州郡将隋兵攻城的消息飞报入朝，陈叔宝还笑着对侍从说："齐兵三来，周师再至，无不摧败而去，彼何为者耶？"奸臣孔范更是渲染太平无事，说大陈有长江天堑，固若金汤，完全不了解国家的困难与险境，这就是"上下不交而天下无邦"，陈朝由此被灭。

北宋著名的禅师五祖法演，讲管理一个寺院有两种方法，一个是以道德感人，一个是以威势服人。以道德感人的话，方丈就像鸾鸟凤凰，凤凰一飞，鸟都自然而然地想跟凤凰一起飞，跟着翩翩起舞。这是一个祥和之境，是自然的感应。但是，如果是以威势服人，每天想着如何处分人、把人免职，就像老虎出行，小动物马上都不敢动了，都趴在那里瑟瑟发抖。四肢发抖是一种服从的样子，鸟跟着凤凰走也是一种服从的样子。这两种管理方式，都会引发服从的结果，但这两者的境界差别非常大的。一个是上下相交，可以发展出安泰和谐的管理局面；一个是上下不交，将来引发的是否闭不通的乱世。

北宋还有一位黄龙慧南禅师，《禅林宝训》记载了他的一段名言："住持要在得众，得众要在见情。先佛言：人情者，为世之福田，盖理道所由生也。故时之否泰，事之损益，必因人情。情有通塞，则否泰生，事有厚薄，则损益至。惟圣人能通天下之情，故《易》之别卦，乾下坤上则曰泰，乾上坤下则曰否。其取象损上益下则曰益；损下益上则曰损。夫乾为天，坤为地。天在下而地在上，位固乖矣，而返谓之泰者，上下交故也。主在上而宾处下，义固顺矣，而返谓之否者，上下不交故也。是以天地不交，庶物不育；人情不交，万事不和。损益之义，亦由是矣。夫在人上者，能约己以裕下，下必悦而奉上矣，岂不谓之益乎？在上者蔑下而肆诸己，下必怨而叛上矣，岂不谓之损乎？故上下交则泰，不交则否，自损者人益，自益者人损。情之得失，岂容易乎。先圣尝喻人为舟，情为水。水能载舟，亦能覆舟。水顺舟浮，违则没矣。故住持得人情则兴，失人情则废。全得则全兴，全失则全废。故同善则福多，同恶则祸甚。善恶同类，端如贯珠。兴废象行，明若观日，斯历代之元龟也。”

黄龙慧南禅师指出，作为住持，统理大众，关键在于得人心。要想得人心，必须要通达人情。先佛曾经说过：人情是世间第一福田。一切事理，一切道法，皆由人情而产生。黄龙慧南禅师进一步运用《周易》否、泰、损、益四卦来阐释得众、见情的道理。泰卦为乾下坤上，天地交而万物通。否卦其符号为坤下乾上，天地不交万物不通。在上的领导者能深入民众部属之下，在下的部属能尽诚、尽忠奉上，上下之间有正常的交流，关系密切配合，自然万事亨通安泰。领导者高高在上，民众、部属低低在下，两者之间没有交流，自然就是否闭之象。益卦上巽下震，从卦形上看，是把否卦九四爻下移与初六爻互换位置，损上之阳，益下之阴，被称为益卦。损卦上艮下兑，从卦形上看，是把泰卦下面的九三爻与上面的上六爻互换，损下之阳，益上之阴，被称为损卦。如果在上者能够减损自己的名利使广大民众获得利益，自然能够获得人民的信任与支持，这就是上下俱益；在上者夺取民众的利益以自利，当然也就会失去民众的信任与支持，这就是上下俱损。黄龙慧南禅师指出，上下互动、感情融洽则安泰，上下疏远隔绝则否闭不通。损己益人则彼此受益，损人益己则彼此受损。所以古人曾把人比喻为舟，把人情比喻为水：当风平浪静时，水能载着舟在水面上航行；当波浪滔天时，水又能倾覆舟。能够顺着水流行舟，舟自可以在水面上安然浮驶；若是逆风迎浪行舟，那就有沉没的危险。意谓君王能够顺应民意、把握民情，国家的政权才能巩固；如果违背了民意民情，国家的政权就会被颠覆推翻。管理寺院与治理国家的道理是相通的，住持得人情则道法必然兴隆，不得人情则道法俱废。人情全得则道法全兴，人情全失则道法全废。上下同心协力为善则福佑一方；若虽然上下同心，但他们共同为恶就后患无穷。善恶之间，正如同串珠一样黑白分明。寺院住持之道的兴废，通过是否得众见情、是否同心为善这些标准，一目了然。这是万古不易的准则，足以引为借鉴。

3.《大象辞》

《象》曰：天地不交，否，君子以俭德辟难，不可荣以禄。

“俭德”，一种解释是“以节俭为德”，程颐解释为收敛其德、俭损其德。《程传》云：“天地不相交通，故为否。否塞之时，君子道消，当观否塞之象，而以俭损其德，避免祸难，不可荣居禄位也。否者，小人得志之时，君子居显荣之地，祸患必及其身，故宜晦处穷约也。”在天地不交、君臣上下不交的“否闭”之时，君子之道消损，君子应当与时偕行，时退则退，应当观察闭塞的物象，来敛藏消损自己的德行，不必追求与其德行相应的官位，不可以留恋官场，这样才能避免祸难。否卦是小人得志的时候，君子如果官居要职，必招小人构陷，祸患就会降临，所以应该收敛其德、辞去官职隐居起来。

晏子是齐国的大臣，曾先后服务过齐灵公、齐庄公、齐景公。在庄公时期，晏子就曾经“俭德避难”。齐庄公刚开始的时候很喜欢晏子，每次朝见都加赏爵位与食邑。但齐庄公崇尚勇力，不顾道义，齐国风气日下，朝野上下怨声载道。晏子多次劝说庄公，庄公不听并对晏子心生厌倦。以后每次朝见，都回收晏子的一部分食邑与爵位。有一次，庄公召晏子参加酒会。等晏子进来后，乐工反复吟唱：“寡人不高兴，你来干什么？”晏子明白这是羞辱自己，于是离席坐在地上，与国君进行最后的争辩，指出势众而不主张正义、力强而不讲究礼节、好勇而厌恶贤能，是自取灭亡之道，然后就辞职了。晏子退朝后一边叹息一边大笑，仆人询问原因，他说叹息是为国君不能免于灾难，大笑是自己可以全身而退，并表示君子有能力为民服务时，就享有爵禄；无力为民服务时，就要安贫乐道。于是他散尽家财，到东海之滨的一个小村隐居起来。过了一段时间，齐国果然内乱，崔杼谋杀了齐庄公。前面在坤卦六四爻引用过这个故事“引史证经”，此处从另一角度再讲一次。

二、爻辞释义

1. 否而在下，君子伸道免祸

初六：拔茅茹，以其汇，贞，吉亨。《象》曰：拔茅贞吉，志在君也。

《程传》释云：“泰与否皆取茅为象者，以群阳群阴同在下，有牵连之象也。泰之时，则以同征为吉。否之时，则以同贞为亨。”泰卦和否卦都取茅草为象征物，因为三阳、三阴分别在下面，有相牵连的象征意义。通泰的时候以共同前进为吉，否塞的时候以共同守正为吉。泰卦处于安泰之时，群阳在下，共同向前进发，更强调主动，而否卦讲的在下的君子相互支撑、以守持正固为通达吉祥；泰卦初九强调积极进取、有所作为，否卦初六强调韬光养晦、同贞为亨，这是大时运不同所造成的。

《程传》进一步解释：“始以内小人外君子为否之义，复以初六否而在下为君子之道，《易》随时取义，变动无常。否之时，在下者君子也。否之三阴，上皆有应，在否隔之时，隔绝不相通，故无应义。初六能与其类贞固其节，则处否之吉，而其道之亨也。当否而能进者小人也，君子则伸道免祸而已。君子进退，未尝不与其类同也。”在解释卦辞的时候讲下卦代表核心、内部，上卦代表外部，这三个阴爻都属于小人当道，而君子离开了核心内部，处于朝堂之外，这是内小人而外君子。但是，否卦的初六爻爻辞中，又以初六代表君子，讲在下位君子处在否闭之时的行为准则。这就是《周易》“随时取义，变动无常”的解释原则，程颐也称之为“随时变易以从道”。

否卦在下的三阴与在上的三阳都是阴阳相应关系，但在否闭的大环境下，上下隔绝不相交通，所以此时不能算是阴阳应和，上面的阳爻不会对下位君子施以援手。这时候下位的君子，处否求吉，就是要守持正固，君子固穷、守道不回，这样君子之道就是亨通的。这就是否闭之时最佳的处世状态。在否塞之时积极寻求上进、上下拉帮结派、相互关照的是小人，君子则只是伸张道义、免于灾祸而已，君子的进退都是和同类一起。如果是一个君子，孤孤单单，想要守道不回是很难的，因为小人当道，对你就会无所忌惮。如果是一个群体，就会形成一种无形的民间正义力量，小人即便有权有势，也很难随意处置。这也是否闭之时下位君子需要“拔茅茹”的原因。孔子周游列国，明白道之不行，退而从事文教事业，也是与志同道合的弟子们在一起的。

对于《象辞》,《程传》释云:“爻以六自守于下，明君子处下之道,《象》复推明以象君子之心。君子固守其节以处下者，非乐于不进，独善也，以其道方否，不可进，故安之耳，心固未尝不在天下也。其志常在得君而进，以康济天下，故曰‘志在君也’。”初六爻是阴爻处于最下方，以此说明否闭之世下位君子的处世原则。《象》进一步表明君子的心志，君子在下位固守自己的节操，并不是乐于不仕进而独善其身，而是因为大道正处于否塞的时候，不可以仕进，所以安于下位。但其未尝不关心天下，常常希望这个时代能得到明君，自己由明君而不是昏君的知遇而施展抱负、救济天下，所以《象辞》说“志在君也”。程颐对于《象传》的注解，与前面爻辞的注解，有些相互矛盾。前面讲否闭之时，上下隔绝，即便阴阳正应也是上下不相感，下位君子只是伸道免祸。这里又讲志在君王，寻求感应。程颐这样讲有他的用意，也可以看作“随时变易以从道”，这里的志在君，并不是否闭之世上下以邪心相互感应、小人与昏君相互感应，而是下位君子抱团取暖，期望国家有带领大家走出否闭的明君出现，这时候就可以上下以道相感，奠定走出否闭的基础。

2. 大人身否道亨

六二：包承，小人吉，大人否，亨。《象》曰：大人否亨，不乱群也。

“包承”指六二爻包藏在内的心志——承顺九五爻的君主。《程传》释云：“六二，其质则阴柔，其居则中正。以阴柔小人而言，则方否于下，志所包畜者，在承顺乎上以求济，其否为身之利，小人之吉也。大人当否，则以道自处，岂肯枉己屈道，承顺于上，唯自守其否而已，身之否，乃其道之亨也。或曰：上下不交，何所承乎？曰：正则否矣，小人顺上之心，未尝无也。”六二爻的性质是阴柔的，但所居之位是中正的。就阴柔的小人来说，是正否闭于下方，其违背自己的心志去阿谀奉承、顺承九五之君，以求渡过否闭的人生低谷，在否闭之世追求自身的利益，这是小人的吉。君子大人在否塞的时候，则以正道自处，不可能违背道义与良心以求顺承上位否闭乱世的君王，只是自守否闭不通之道而已，其身之否就是其道的亨通。有人提出，否卦处于上下不相交通的时候，有什么顺承可言？回答说：对于正人君子是否闭的，道不同不相为谋，但对于小人来说，不讲道义而追求利益，顺承上位以牟利的心思一定会存在。就像赵高指鹿为马，随声附和者大有人在。孔子、孟子等都是身处乱世，但都不会刻意寻求君王的感通，属于大人之否，但从历史的长河来看，这恰恰是亨通之道，可以让他们思想流芳千古。程颐由于党祸，朝廷不用他，而且给予处分，后居龙门讲学、著书立说，对于后世影响巨大，这都是大人处否之时，却又蕴含了流芳千古的亨通之道。

对于六二的《象辞》，《程传》解释云："大人于否之时，守其正节，不杂乱于小人之群类，身虽否而道之亨也，故曰'否亨'。不以道而身亨，乃道之否也。不云'君子'而云'大人'，能如是则其道大矣。"大人在否闭的乱世坚守自己的正道和操守，不混杂在小人的群类中，其身虽处于否塞之中，但对于道义却是亨通的，所以说"否亨"。不根据道义，只追求自己的一种享受，对于道义来说就是"否"。爻辞当中不说"君子"而说"大人"，是因为能这样做，君子之道就会光大。只有在艰难中守道不回，才能够更好地磨炼心志，把道德之光彰显出来。

3. 小人穷斯滥矣

六三：包羞。《象》曰：包羞，位不当也。

"包羞"是指小人心中包藏着可耻的阴谋诡计。《程传》说："三以阴柔，不中不正而居否，又切近于上，非能守道安命，穷斯滥矣，极小人之情状者也。其所包畜谋虑，邪滥无所不至，可羞耻也。"六三是阴柔之爻，位置不中不正，处于否闭之时，又靠近上卦，比喻为一个不中不正的小人努力向上贴近，总想巴结上级，无所不用其极，不能坚守道义、安于本命。《论语》云："君子固穷，小人穷斯滥矣。"六三所代表的就是这种"穷斯滥矣"的典型，为了走出穷途，到处逢迎巴结，把小人的卑鄙发挥到极致，令世人不齿。

《象辞》是"包羞，位不当也"，《程传》注释说："阴柔居否，而不中不正，所为可羞者，处不当故也。处不当位，所为不以道也。"六三所代表的阴柔之人居于否闭之乱世，没有中正之德，到处逢迎巴结，其之所以令人不齿，是因为所处的位置不恰当，不中不正，不依据道义而根据利益来行动，这是否闭之世无道小人的普遍嘴脸。

4. 济否之才居近君之位

九四：有命无咎，畴离祉。《象》曰：有命无咎，志行也。

"畴"通"俦"，俦匹、同类；"离"为"丽"，附丽，附着；祉，福祉。"畴离祉"就是志同道合的同类之人都附着而能沾上此福祉。前人以九四之"畴"为初九爻，伊川先生认为是同类之人。《程传》云："四以阳刚健体，居近君之位，是有济否之才而得高位者也，足以辅上济否，然当君道方否之时，处逼近之地，所恶在居功取忌而已。若能使动必出于君命，威柄一归于上，则无咎，而其志行矣。能使事皆出于君命，则可以济时之否，其畴类皆附离其福祉。离，丽也。君子道行，则与其类同进，以济天下之否，'畴离祉'也。小人之进，亦以其类同也。"九四爻是阳刚之爻，属于上体的乾卦，乾有健动之德，所以说"阳刚健体"。在靠近九五之君的位置，程颐不讲九四是阳爻居阴位，而重点分析阳刚之爻靠近九五爻，是"居近君之位"，得出九四是身居高位能够帮助国家渡过否闭乱世的人。这也是儒家易学的"随时取义"，不是全面分析所有的卦爻位置关系，而是选择与本卦立意、本爻爻辞相关的爻位关系加以阐述。但是当君王或国家之道处在否闭不通的时候，近君重臣最怕的是居功自傲、自作主张，那就犯了大忌。如果其施政举措都是获得上级授权、出于君王命令，就没有咎害，他的政治抱负也能得以施展。《大学》里面说“为人君止于仁，为人臣止于敬”，君仁臣敬。地位再高、功劳再大，也不能忘记君仁臣敬这一基本要求，如果其改革弊政的举措都向君王汇报、获得认可，以君王命令的形式昭告天下，就可以帮助天下渡过艰难时运，九四的同类、志同道合的同志也都会因为跟随他共克时艰而得到福祉。君子之道得到推行，就会和同类一同前进，渡过天下的否塞，这就是“畴离祉”。物以类聚、人以群分，小人如果想要谋划一些坏事，也是和同类一起。

太平天国农民起义，以拜上帝会为其思想旗帜，席卷半个中国，从清王朝的角度来看，当时可谓天下否闭之时，朝廷没有力量，正规的八旗军缺乏战斗力。曾国藩从保存清王朝的角度，组织湘军来对抗太平天国，但他也注意“使动出于君命”，获得充分授权、维护清政权的威信。曾国藩攻克南京、剿灭太平天国之后，又自裁羽翼，主动跟朝廷说湘军是应急成立的地方武装，既然任务完成了，就裁撤遣散，这也是“威炳一归于上”。而湘军也培养出了一批高级将领，有一些人带着财富回到湖南老家，这也是“畴离祉”，许多人都能够享受到他的福祉。当然，一将功成万骨枯，更多的人也付出了生命的代价。

此爻《象辞》是“有命无咎，志行也”，《程传》云：“有君命则得无咎，乃可以济否，其志得行也。”一个居近君之位、有济否之才，首先要明白自己是臣，是下属，才华再高也要获得上级授权，才能与那个时代的英豪一起完成开天辟地的伟大事业，才能使自己的志向抱负得以实现。

5. 其亡其亡，系于苞桑

> 九五：休否，大人吉。其亡其亡，系于苞桑。《象》曰：大人之吉，位正当也。

《程传》先解释“休否，大人吉”：“五以阳刚中正之德，居尊位，故能休息天下之否，大人之吉也。”古代有学者将“休”解释为“休美”，指在否闭之时行休美善政。但程颐将“休”解释为“休止”，能中止时运之否。九五爻有阳刚中正的德性，居于君王的尊位，所以能止息、停止天下否塞的状态，这是大人之吉。

《程传》进一步解释“其亡其亡，系于苞桑”：“大人当位，能以其道休息天下之否，以驯致于泰。犹未离于否也，故有‘其亡’之戒。否既休息，渐将反泰，不可便为安肆，当深虑远戒，常虞否之复来，曰其亡矣，其亡矣。其‘系于苞桑’，谓为安固之道，如维系于苞桑也。桑之为物，其根深固，‘苞’谓丛生者，其固尤甚，圣人之戒深矣。”九五是大人当位，能用其正道止息天下的否塞，渐渐地达到安泰和谐的盛世。但现在还没有完全离开艰难否塞的时代，所以有“其亡其亡”的告诫。否闭既然已经停止，就将渐渐返归安泰，此时不应当安乐放纵，应当深谋远虑，常常担心又回到否闭，所以要常有危机意识，把“其亡其亡”挂到嘴边。这样喊，最后的结果像什么呢？像“系于苞桑”。桑是灌木，苞桑是灌木丛生。灌木林是盘根错节，想要拔一根树根本是不可能的，就是说非常稳固。越是有危机意识，越能保持长治久安，这是圣人的深远告诫。其实安泰与否闭都是相对的，否和泰是一体两面、同时存在的，只是有时候表面是“泰”，内含导致否闭的因素；有时候表面是“否”，内含走向安泰的因素。君子时时刻刻都要有危机意识，要防微杜渐，才能常保安康太平。

《程传》又举了两个例子：“汉王允、唐李德裕，不知此戒，所以致祸败也。《系辞》曰：‘危者安其位者也，亡者保其存者也，乱者有其治者也。是故君子安而不忘危，存而不忘亡，治而不忘乱，是以身安而国家可保也。’”王允是汉末名臣，有诛杀奸雄董卓之大功。诛杀了董卓后，本来要小心谨慎，带领国家社会走出否闭的乱世，但他居功自傲、缺乏危机意识，最后被董卓的余党所杀，没有成拨乱反正之功，国家反而更乱了。李德裕是唐代的名臣，曾经两度为相，唐武宗时期再度为相期间，外攘回纥、内平泽潞，裁汰冗官、制驭宦官，功绩显赫，李商隐曾誉其为“万古良相”。但他位高权重而不知防微杜渐，后在宣宗时期被贬，五贬至崖州司户，死在海南，这样也是不知“其亡其亡”之戒。李德裕这个故事，似乎放在九四爻也可以，他属于近君之臣，放在九五爻有点牵强。最后，程传又引用《系辞》中孔子对于此爻的注解来总结这一卦，大意是，出现危险的，都是认为自己可以安居其位的；走向灭亡的，都是自以为可以长期生存的；出现混乱局面的，都是自以为治理得很好的。所以君子安居的时候不忘危险，生存的时候不忘灭亡，治理的时候不忘败乱，这样才能让身心安定、国家保全。

九五爻的《象辞》：“大人之吉，位正当也。”《程传》注释云：“有大人之德，而得至尊之正位，故能休天下之否，是以吉也。无其位，则虽有其道，将何为乎？故圣人之位，谓之大宝。”有大人的德行，而且得到了至尊的正位，所以能止息天下的否塞，因此是吉的。没有尊位，就算有道，又能怎么样呢？《易・系辞》：“圣人之大宝曰位。”圣人的大宝就是九五的尊位。如果没有“位”，即使有道德、有能力，也没法去做事。李世民可以休天下之否，带领天下走出隋末乱世，开创贞观之治，还是因为他得到了“位”。

6.先否后喜

上九：倾否，先否后喜。《象》曰：否终则倾，何可长也！

对于上九的爻辞，《程传》解释云：“上九，否之终也。物理极而必反，故泰极则否，否极则泰。上九否既极矣，故否道倾覆而变也。先极，否也；后倾，喜也。否倾则泰矣，后喜也。”上九处于否塞的终极。万事万物的原理是到了极点就一定会回归，所以通泰到了极点就会否塞，否塞到了极点就会通泰。上九爻已经否塞到了极点，所以否塞之道倾覆而发生变化。故先达到极点，是否塞；后来又倾覆，是可喜。否塞倾覆就是通泰，否极泰来，当然是可喜可贺了。

《象辞》：“否终则倾，何可长也！”《程传》云：“否终则必倾，岂有长否之理？极而必反，理之常也。然反危为安，易乱为治，必有刚阳之才而后能也。故否之上九则能倾否，屯之上六则不能变屯也。”否闭久了，必然要走向安泰，因为哪有永远的否闭呢？物极必反是自然的道理。但转危为安、变乱为治，一定是刚明之才才能做到。所以否卦的上九是阳爻，具有阳刚的性质，能够终结否闭之时。而屯卦的上六，是阴柔到了极点，所以不能带领天下走出屯难，只会“泣血涟如”，在穷途末路把眼睛都哭出血了。带领天下走出艰难和走向通泰的人，一定要有阳刚之美，豪放大气。陈胜、吴广起义之后，沛县的小吏萧何联系了沛县的黑白两道，拉了一支起义队伍，但没有谁敢当头。他们都觉得自己不是刚明之才，最后到处找刘邦，把沛公这个位置送给他。就是因为刘邦“仁义而爱人”，有雄浑之气、阳刚之德，只有他这种素质的人才可以带领天下走出否闭，走向安泰。

附：《周易程氏传》原文

否卦

䷋ **坤下乾上**

否，《序卦》：“泰者通也，物不可以终通，故受之以否。”夫物理往来，通泰之极则必否，否所以次泰也。为卦，天上地下。天地相交，阴阳和畅，则为泰。天处上，地处下，是天地隔绝，不相交通，所以为否也。

否之匪人。

天地交而万物生于中，然后三才备。人为最灵，故为万物之首。凡生天地之中者，皆人道也。天地不交，则不生万物，是无人道，故曰“匪人”，谓非人道也。消长阖辟，相因而不息。泰极则复，否极则倾。无常而不变之理，人道岂能无也？既否则泰矣。

不利君子贞，大往小来。

夫上下交通，刚柔和会，君子之道也。否则反是，故“不利君子贞”。君子正道否塞不行也。“大往小来”，阳往而阴来也。小人道长，君子道消之象，故为否也。

《彖》曰：否之匪人，不利君子贞，大往小来，则是天地不交而万物不通也，上下不交而天下无邦也。内阴而外阳，内柔而外刚，内小人而外君子，小人道长，君子道消也。

夫天地之气不交，则万物无生成之理。上下之义不交，则天下无邦国之道。建邦国所以为治也。上施政以治民，民戴君而从命，上下相交，所以治安也。今上下不交，是天下无邦国之道也。阴柔在内，阳刚在外，君子往居于外，小人来处于内，小人道长，君子道消之时也。

《象》曰：天地不交，否，君子以俭德辟难，不可荣以禄。

天地不相交通，故为否。否塞之时，君子道消，当观否塞之象，而以俭损其德，避免祸难，不可荣居禄位也。否者，小人得志之时，君子居显荣之地，祸患必及其身，故宜晦处穷约也。

初六：拔茅茹，以其汇，贞，吉亨。

泰与否皆取茅为象者，以群阳群阴同在下，有牵连之象也。泰之时，则以同征为吉。否之时，则以同贞为亨。始以内小人外君子为否之义，复以初六否而在下为君子之道，《易》随时取义，变动无常。否之时，在下者君子也。否之三阴，上皆有应，在否隔之时，隔绝不相通，故无应义。初六能与其类贞固其节，则处否之吉，而其道之亨也。当否而能进者小人也，君子则伸道免祸而已。君子进退，未尝不与其类同也。

《象》曰：拔茅贞吉，志在君也。

爻以六自守于下，明君子处下之道，《象》复推明以象君子之心。君子固守其节以处下者，非乐于不进，独善也，以其道方否，不可进，故安之耳，心固未尝不在天下也。其志常在得君而进，以康济天下，故曰“志在君也”。

六二：包承，小人吉，大人否，亨。

六二，其质则阴柔，其居则中正。以阴柔小人而言，则方否于下，志所包畜者，在承顺乎上以求济，其否为身之利，小人之吉也。大人当否，则以道自处，岂肯枉己屈道，承顺于上，唯自守其否而已，身之否，乃其道之亨也。或曰：上下不交，何所承乎？曰：正则否矣，小人顺上之心，未尝无也。

《象》曰：大人否亨，不乱群也。

大人于否之时，守其正节，不杂乱于小人之群类，身虽否而道之亨也，故曰“否亨”。不以道而身亨，乃道之否也。不云“君子”而云“大人”，能如是则其道大矣。

六三：包羞。

三以阴柔，不中不正而居否，又切近于上，非能守道安命，穷斯滥矣，极小人之情状者也。其所包畜谋虑，邪滥无所不至，可羞耻也。

《象》曰：包羞，位不当也。

阴柔居否，而不中不正，所为可羞者，处不当故也。处不当位，所为不以道也。

九四：有命无咎，畴离祉。

四以阳刚健体，居近君之位，是有济否之才而得高位者也，足以辅上济否，然当君道方否之时，处逼近之地，所恶在居功取忌而已。若能使动必出于君命，威柄一归于上，则无咎，而其志行矣。能使事皆出于君命，则可以济时之否，其畴类皆附离其福祉。离，丽也。君子道行，则与其类同进，以济天下之否，“畴离祉”也。小人之进，亦以其类同也。

《象》曰：有命无咎，志行也。

有君命则得无咎，乃可以济否，其志得行也。

九五：休否，大人吉。其亡其亡，系于苞桑。

五以阳刚中正之德，居尊位，故能休息天下之否，大人之吉也。大人当位，能以其道休息天下之否，以驯致于泰。犹未离于否也，故有“其亡”之戒。否既休息，渐将反泰，不可便为安肆，当深虑远戒，常虞否之复来，曰其亡矣，其亡矣。其“系于苞桑”，谓为安固之道，如维系于苞桑也。桑之为物，其根深固，“苞”谓丛生者，其固尤甚，圣人之戒深矣。汉王允、唐李德裕，不知此戒，所以致祸败也。《系辞》曰：“危者安其位者也，亡者保其存者也，乱者有其治者也。是故君子安而不忘危，存而不忘亡，治而不忘乱，是以身安而国家可保也。”

《象》曰：大人之吉，位正当也。

有大人之德，而得至尊之正位，故能休天下之否，是以吉也。无其位，则虽有其道，将何为乎？故圣人之位，谓之大宝。

上九：倾否，先否后喜。

上九，否之终也。物理极而必反，故泰极则否，否极则泰。

上九否既极矣，故否道倾覆而变也。先极，否也；后倾，喜也。否倾则泰矣，后喜也。

《象》曰：否终则倾，何可长也！

否终则必倾，岂有长否之理？极而必反，理之常也。然反危为安，易乱为治，必有刚阳之才而后能也。故否之上九则能倾否，屯之上六则不能变屯也。

第九讲 颐卦解说

“颐”是《周易》上经的第 27 卦，卦形䷚，排在大畜之后。“颐”是伊川先生之名，所以本卦有着特殊的意义，值得细致研读。有个成语“颐养天年”，“颐”就是“养”的意思，《汉书》里讲“土之美者善养禾，君之明者善养士”，自养、求养、养人、养天下都属于颐卦的精神内涵。如果大家能够结合史书中程颐的传记资料、学术观点研究一下，以颐卦分析程颐的自养、求养、养人之道，一定能写出一篇很有意思的文章。

《程传》首先阐述了卦序与卦名的由来：“《序卦》：‘物畜然后可养，故受之以颐。’夫物既畜聚，则必有以养之，无养则不能存息，颐所以次大畜也。”事物畜聚之后必然需要颐养，没有颐养就不能生存生息，所以大畜卦之后就是颐卦。“卦上艮下震，上下二阳爻，中含四阴，上止而下动，外实而中虚，人颐颔之象也。颐，养也。人口所以饮食，养人之身，故名为颐。”颐这个卦形很有意思，从卦形来说，上下两个阳爻，中间四个阴爻，两个阳爻代表上下唇，像个嘴巴的样子，是外实中虚、口中含物之象；从卦体来说，上卦是艮、下卦是震，艮代表着安止，震代表着震动，也像嘴巴，人在吃饭、说话的时候就是上唇不动、下巴在运动。“颐”是养的意思，人有口可以饮食，以此养人的身体，所以称之为“颐”。

《程传》在分析卦名由来之后，又指出：“圣人设卦，推养之义，大至于天地养育万物，圣人养贤以及万民，与人之养生、养形、养德、养人，皆颐养之道也。动息节宣，以养生也；饮食衣服，以养形也；威仪行义，以养德也；推己及物，以养人也。”我们前面讲过，《周易》的核心就是“推天道以明人事”，探究天地万物运行规律，引申比附到修身、齐家、治国、平天下的君子人格养育过程之中。乾坤两卦之中，乾卦代表天，坤卦代表地，天地配合，春生、夏长、秋收、冬藏，万物得以生长，君子体察天地养育万物之道，可以学习为君、为臣以养民之道。“颐”以嘴巴吃饭、养育身体为其初始意义，将其推而广之，大到天地养育万物，圣人养贤士和养百姓，普通人养生、养形、养德、养家人、养他人，都是颐养之道。运动与休息相结合、节欲与宣发相配合是为了养生，吃饭穿衣是为了养形。通过公正无私的行为形成自己的威仪气度，这是培养自己的品德。把自己养身、养心、养德之道向外推而广之，这就是养育人民。

一、《卦辞》《彖辞》《象辞》释义

1.《卦辞》

颐：贞吉，观颐，自求口实。

“颐”本来是指面颊、口腔，口是饮食的器官，所以“颐”又有“养”的意思，由饮食养身扩充到君子养德、君王养天下等含义。《程传》释云:“颐之道，以正则吉也。人之养身、养德、养人、养于人，皆以正道则吉也。天地造化养育万物，各得其宜者，亦正而已矣。‘观颐，自求口实’，观人之所颐与其自求口实之道，则善恶吉凶可见矣。”颐养之道，在于以正道而行就会吉。人们养身、养德、养人、为他人所养，都是要遵循正道才会吉。君子不食嗟来之食、不饮盗泉之水，这就是自养的正道。君子“素位而行”就是以正道养身、养德，天地产生并养育万物，使其各安其分，也就在于依正道。那么万物之所以在天地之间各得其所，各得其所颐，也是依于正道。大树与小草，各依自己规律接受天地滋养，这就是各得其宜。如果小草想夺取天地的养分把自己变成大树，不依自己的本分，就不合时宜。所谓“观颐，自求口实”，观察人所颐养的，与其寻求口中食物的方法，就可以判断出善恶吉凶。

《中庸》云:“君子素其位而行，不愿乎其外。素富贵、行乎富贵，素贫贱、行乎贫贱，素夷狄、行乎夷狄，素患难、行乎患难，君子无入而不自得焉。在上位，不陵下；在下位，不援上。正己而不求于人则无怨。上不怨天，下不尤人。故君子居易以俟命，小人行险以侥幸。”君子安于现在所处的地位去做应做的事，不生非分之想。处于富贵的地位，就要富而好礼，行仁爱之道，做富贵人应做的事；处于贫贱的状况，就做贫贱人应做的事；处夷狄之地，就做夷狄应做的事；处于患难之中，就做在患难之中应做的事。无论在什么情况下都不改君子本色，无论处于什么情况下都安然自得。处于上位不欺侮下位的人，处于下位不巴结上位的人。端正自己而不苛求别人，上不怨天、下不尤人。所以，君子安居现状以待天命，小人却铤而走险妄图获得非分的东西。这段话就讲清楚了正道养身、养德、自养、养人的大原则，与程颐所阐述的颐养思想是一致的。

2.《彖辞》

《彖》曰：颐贞吉，养正则吉也。观颐，观其所养也。自求口实，观其自养也。天地养万物，圣人养贤以及万民，颐之时大矣哉！

《程传》释云："'贞吉'，所养者正则吉也。'所养'谓所养之人与养之之道。'自求口实'谓其自求养身之道，皆以正则吉也。"所谓"贞吉"，是说其所颐养者符合正道就会吉。"所养"说的是其所颐养之人，与其所以颐养其人的方法。"自求口实"是其颐养自己的方法都遵循正道就会吉。

程传接着解释《彖》的后半句"天地养万物，圣人养贤以及万民，颐之时大矣哉"，其释云："圣人极言颐之道而赞其大，天地之道则养育万物，养育万物之道正而已矣。圣人则养贤才与之共天位，使之食天禄，俾施泽于天下，养贤以及万民也。养贤所以养万民也。夫天地之中，品物之众，非养则不生，圣人裁成天地之道，辅相天地之宜以养天下，至于鸟兽草木，皆有养之之政，其道配天地，故夫子推颐之道，赞天地与圣人之功，曰'颐之时大矣哉'。"

圣人充分言明了颐养之道并赞其伟大，天地之道就是养育万物，养育万物的根本原则就是坚守正道、素位而行。圣人养贤人，使之与自己一同享受天位、天禄。圣君通过养贤人，然后与贤人一起合作，把恩德散布于天下，养天下万民。养贤的目的就是养天下百姓。天地当中，万事万物没有天地阴阳二气的交流转换，就没法获得滋养而生长，因此程颐引用了《泰·象辞》“天地交泰，后以财成天地之道，辅相天地之宜，以左右民”来阐释这一观点。天地运转，日往月来，就是天地交泰，通过这种天地之间阴阳二气的交流，万物都得以养育、焕发生机。圣人效法天道以养育天下，至于鸟兽草木都有养育的方式，各依其道，这就是天地颐养之正。圣人的道与天地相配，所以孔子扩充颐养的意义，赞美天地与圣人的功德，说颐养的时义非常伟大。

针对《彖辞》最后“时”的用法，《程传》指出：“或云‘义’，或云‘用’，或止云‘时’，以其大者也。万物之生与养，时为大，故云‘时’。”在《周易》这本书中，有的说“义”，有的说“用”，有的说“时”，有的说“时义大矣哉”，有的说“时用大矣哉”。后面很多卦只说“时”，是单就其最伟大的方面来说，因为万物的生养与时令的关系最为密切。所以这个时候就只说一个“时”，不说“时用”，不说某某卦“时用大矣哉”“时义大矣哉”，而突出“时”这个概念。

3.《大象辞》

《象》曰：山下有雷，颐，君子以慎言语，节饮食。

颐卦上体为艮、为山，下体为震、为雷。《程传》释云：“以二体言之，山下有雷，雷震于山下，山之生物，皆动其根荄，发其萌芽，为养之象。以上下之义言之，艮止而震动，上止下动，颐颔之象。以卦形言之，上下二阳中含四阴，外实中虚，颐口之象，口所以养身也。故君子观其象以养其身，慎言语以养其德，节饮食以养其体，不唯就口取养义。事之至近而所系至大者，莫过于言语饮食也。在身为言语，于天下则凡命令政教出于身者皆是，慎之则必当而无失。在身为饮食，于天下则凡货资财用养于人者皆是，节之则适宜而无伤，推养之道，养德养天下莫不然也。”颐卦从上下二体来说，是山下有雷之象，雷在山下震动，山上生长的植物都会震动其根，春雷一声，植物的根系蠢蠢欲动，生发萌芽，这是颐养的物象。就上下两卦的卦德来说，艮为止、震为动，上止而下动，是人的口腔面颊的象征，人在吃饭说话的时候，就是下巴在动。就六爻卦的形状来说，上下两个阳爻中间含有四个阴爻，外实中虚，是口的样子，口通过饮食养身。所以君子观察这些物象，格物致知以颐养自身，慎言语以颐养其德，节制饮食以颐养其身。口腔的功能之中，至关重要的有言语、饮食，不仅仅是饮食养身这一方面。从言语这个角度来讲，于自身就是说话，于天下就是颁布政教命令，慎重地说话、慎重地发布政令就没有过失。从饮食这个角度来讲，在自己来说是养身，就天下来说一切货物财宝用来养人，节制适宜就不会有伤害。将颐养之道推而广之，养德、养天下的道理都是相通的。

二、爻辞释义

1. 刚明之才，不思自养

初九：舍尔灵龟，观我朵颐，凶。《象》曰：观我朵颐，亦不足贵也。

“灵龟”就是神灵明鉴之龟，龟能不饮不食而能长生，古人以为有灵，《周易》就有用龟壳占卜的说法。在这里“灵龟”是一个比喻，表示初九爻所代表之人有灵敏的智慧，有自力更生的基础。“朵”为“动”的意思，“朵颐”即动其口颊，有咀嚼的意思，引申为见到食物而口颊振动、垂涎欲滴。“舍尔灵龟，观我朵颐”，就是舍弃自己本有的智慧，不自力更生而仰人鼻息，在权贵门下讨饭吃。这是求凶之道。

《程传》对于初九爻辞的解释：“蒙之初六，蒙者也，爻乃主发蒙而言。颐之初九亦假外而言。‘尔’谓初也。舍尔之灵龟，乃观我而朵颐，‘我’对‘尔’而设，初之所以朵颐者四也，然非四谓之也，假设之辞尔。九阳体刚明，其才智足以养正者也。龟能咽息不食，灵龟喻其明智，而可以不求养于外也。才虽如是，然以阳居动体而在颐之时，求颐，人所欲也。上应于四，不能自守，志在上行，说所欲而朵颐者也。心既动，则其自失必矣。迷欲而失己，以阳而从阴，则何所不至，是以凶也。”蒙卦初六爻的爻辞是：“发蒙，利用刑人，用说桎梏，以往吝。”初六爻是阴爻居下位，是需要接受启蒙的人，对这一类人首先要利用刑罚威慑来脱去蒙昧的束缚，但教化需要德刑相辅，仅用刑罚一种手段也是行不通的。蒙之初六本来代表蒙昧者，但爻辞是从启蒙者、教化者的角度来写的。颐卦的初九爻也与之类似，本来是求养者，但爻辞则从养人者的角度来写，“尔”就是指初九爻。舍弃你的灵龟，舍弃自己具有的智慧，而对着我鼓腮嚼食，“我”是相对于“尔”来说的，初九爻求养的对象是六四爻，但这个“我”并不是仅仅指六四爻，只是借题发挥。初九阳爻具有刚健明智的特点，其才能智力足可以用正道自养。龟能够闭气不食而长寿，“灵龟”就代表着明智，不需要靠外人来养。初九爻虽然有这样的才能，但阳爻处于震卦的最下方，而且在颐所代表的时运之中，求上位者的颐养是普通人的欲望。初九与六四爻相应，不能自守，其志上行，看到对方能满足自己的欲望就心生欢喜，鼓腮嚼舌、垂涎欲滴。既然动了心思，肯定就会被欲望迷失了自己，以阳刚之才追随阴暗者，没有什么道德底线，所以是凶的。就像大汉奸汪精卫，不能说没有才华，也不是没有自生自养之道，但为了眼前利益，与侵略者媾和，求养于日本，最后的结果肯定是凶险的。

《象辞》是："观我朵颐，亦不足贵也。"《程传》解释说："九，动体，'朵颐'谓其说阴而志动，既为欲所动，则虽有刚健明智之才，终必自失，故其才亦不足贵也。人之贵乎刚者，为其能立而不屈于欲也。贵乎明者，为其能照而不失于正也。既惑所欲而失其正，何刚明之有？为可贱也。"初九的阳爻是下面震卦的一部分，而震卦有震动之德，这就是"九，动体"的意思。"朵颐"是说他内心躁动，向往上面阴爻的豢养，既然被欲望牵动，即使有刚健明智的才华，最终肯定会自失，有才无德，其才华也就不可贵了。人之所以以刚强为贵，是因为其不屈服于欲望。人之所以以明智为贵，是因为智慧可明照是非，使人不偏离正道。初九爻既为欲望所惑而失去了正道，那还有什么刚强明智呢？无德之才，不可称之为才，这样的人是令人鄙视的。

2. 求养之道，贵在相应

六二：颠颐，拂经，于丘颐，征凶。《象》曰：六二征凶，行失类也。

六二爻居中得正，一般来说应该是吉祥的，但爻辞有凶险之意，为什么呢？《程传》解释云："女不能自处，必从男；阴不能独立，必从阳。"古代是农耕社会，农耕主要靠力气，所以男耕女织，男主外女主内，"女不能自处，必从男"。而现代社会已经完全不一样了，人的生存发展主要靠智慧而不是靠力气，在智慧方面男女是平等的，或者说各有所长，所以男女平等，一方不必依附于另一方。程颐的这个讲法，主要从农耕社会的情况来描述的，他如果到了现代，也不会这么讲。而"女不能自处，必从男"这一讲法是要引申出"阴不能独立，必从阳"这一抽象性的概念。

《程传》进一步指出："二，阴柔不能自养，待养于人者也。天子养天下，诸侯养一国，臣食君上之禄，民赖司牧之养，皆以上养下，理之正也。二既不能自养，必求养于刚阳，若反下求于初，则为颠倒，故云'颠颐'。颠则拂违经常，不可行也。若求养于丘，则往必有凶。丘，在外而高之物，谓上九也。卦止二阳，既不可颠颐于初，若求颐于上九，往则有凶。"六二是阴爻，代表柔弱者，不能自养，必然要依赖他人养育。而最合适的养育者应该是上级管理者，天子养天下的黎民百姓，诸侯养一国之人，臣子要靠君上发工资，老百姓要依靠地方官员牧养，古人把管理百姓叫"牧民"，元代政治家张养浩写了一本官箴类著作叫《牧民忠告》，这些都是"以上养下"，上级养下级，这是正常的现代人的说法，是纳税人养管理阶层，这是古今的差异。六二阴柔不能自养，但又没有九五阳刚之君来养，颐卦只有初、上两爻是阳爻，而这两个阳爻都不是合适的养育者。六二若反向下求初九爻的颐养，肯定是颠倒了，所以叫"颠颐"。颠倒颐养之道，就违背常理，是行不通的。"丘"象征着在外而且高的地方，指的是上九爻。如果向代表上九爻的高处山丘寻求颐养，那么前往必有凶险。本卦只有两个阳爻，六二不能颠倒去求初九爻的颐养，如果转向上寻求上九爻的颐养，同样也是凶险的。这就是求养非人、进退维谷。

《程传》进一步总结："在颐之时，相应则相养者也。上非其应而往求养，非道妄动，是以凶也。颠颐则拂经，不获其养尔；妄求于上，往则得凶也。今有人，才不足以自养，见在上者势力足以养人，非其族类，妄往求之，取辱得凶必矣。六二中正，在他卦多吉，而凶，何也？曰：时然也。阴柔既不足以自养，初上二爻皆非其与，故往求则悖理而得凶也。"颐卦重点探讨颐养之道，而养育之道的关键就是两者相应相契，这样才有相养之道。六二在上面没有正应，去求初九、上九之养，这是非道妄动，"颠颐"下求，不获其养；妄求于不相应的上九，往则得凶。有一些人他的才华能力不足以自养，看见上面的人有权、有势、有资源，可以养人，但上下两者不是同一类人，没有办法融入其党，还强求攀附，结果必然是自受其辱而得凶。程颐那个时代党争不断，所谓新党、旧党、蜀党、洛党，这段话应该是有感而发。六二爻居中得正，在其他卦里多是吉的，在本卦却凶，这是为什么呢？回答说：这是"颐养"之道的时势使然。阴柔之爻既不足以养活自己，初九爻与上九爻又都不是六二爻的相应之爻，所以其前往寻求就悖逆于正理，就会得到凶的结果。

《象辞》是："六二征凶，行失类也。"《程传》解释说："征而从上则凶者，非其类故也。往求而失其类，得凶宜矣。行，往也。"向上寻求上九爻的颐养肯定会有凶险，因为六二与上九不同类、不相应。"行"就是往上去的意思。寻求颐养而脱离了自己的族类，盲目向上攀附，当然会有凶。

3. 颐养之道，唯正则吉

六三：拂颐，贞凶，十年勿用，无攸利。《象》曰：十年勿用，道大悖也。

“拂颐”即违背颐养之正道，有学者的解释是六三爻所处不中正而养上九爻，以阴养阳、以下养上，是违背颐养之正道。《程传》与此不同，提出颐养之道都是阴养于阳，不能是以阴养阳。关键是颐养之道，唯正则吉，不正就是“拂颐”。

《程传》释云：“颐之道，唯正则吉。三以阴柔之质而处不中正，又在动之极，是柔邪不正而动者也。其养如此，拂违于颐之正道，是以凶也。得颐之正，则所养皆吉，求养、养人则合于义，自养则成其德。三乃拂违正道，故戒以十年勿用。十，数之终，谓终不可用，无所往而利也。”颐养之道的关键在于依正道而行就会吉。六三爻的本质是阴柔的，且所处的位置并不中正，处在下体震卦的最上一爻，有阴柔邪妄、不依正道、躁动不安之象。这样急躁的自养或者求养、养人，都是拂逆违背了颐养的正道，所以有凶险。得到了颐养的正道，所养的都会吉，求颐养、养别人都会合于道义，自养就能成德。六三爻乃拂逆违背正道，所以告诫其十年之内不得起用。“十”是个位数字的终结，代表很长时间，也就是说最终也不会起用，到哪里都无法获得利益。

对于此爻的《象辞》，《程传》释云：“所以戒终不可用，以其所由之道大悖义理也。”之所以告诫其终究不可起用，因为其行事的方式与义理背道而驰。前面屯卦六二爻有“女子贞不字，十年乃字”，女子很长时间不能出嫁，但耐心等待十年，引申为君子守道不回，终究会有好结果。十年，也是很长时间的意思。但屯卦六二，苦等之后有好结果；颐卦六三，苦等也没有结果，为什么呢？一个有中正之德，一个不中不正，有躁动之象，这是两者的根本区别。

4. 位高才疏，求养于下

> 六四：颠颐，吉。虎视眈眈，其欲逐逐，无咎。《象》曰：颠颐之吉，上施光也。

《程传》首先解释“颠颐，吉”，其云：“四在人上，大臣之位。六以阴居之，阴柔不足以自养，况养天下乎？初九以刚阳居下，在下之贤也。与四为应，四又柔顺而正，是能顺于初，赖初之养也。以上养下则为顺，今反求下之养，颠倒也，故曰‘颠颐’。然己不胜其任，求在下之贤而顺从之，以济其事，则天下得其养，而己无旷败之咎，故为吉也。”从天、地、人三才的角度来说，初爻、二爻为地，五爻、上爻为天，三爻、四爻为人。而五爻又属于“君王之位”，所以程颐说四爻属于“人上”，接近于君王的大臣之位。六四爻是阴爻居阴位，秉性阴柔不能自养，更何况养天下呢？但其居大臣之位，有协助君王养天下的责任，怎么办呢？必然要寻求在下位的贤人。初九爻以刚健居下，是下位的贤人，与六四爻阴阳相应。六四爻柔顺而且得正，所以能够谦逊顺从初九爻，依赖初九刚明之才的颐养。一般来说，上位养下位是正常的，现在是上求下得颐养，颠倒反常，所以叫“颠颐”。然而，自己不能够胜任，寻求下位贤者而顺从他，使其帮助自己出谋划策、排忧解难，天下百姓都可以获得更多的滋养，使得自己避免失误过错，所以是吉祥的。程颐解释《易经》都是老套路，非常善于阐释柔顺之君与刚明之臣，或者说柔顺之重臣与下位贤人的合作，旨在教育统治者向下求贤，与下分权，君臣共治，这是儒家知识分子的共同理想。

接下来解释“虎视眈眈，其欲逐逐，无咎”，《程传》云：“夫居上位者，必有才德威望，为下民所尊畏，则事行而众心服从。若或下易其上，则政出而人违，刑施而怨起，轻于陵犯，乱之由也。六四虽能顺从刚阳，不废厥职，然质本阴柔，赖人以济，人之所轻，故必养其威严，眈眈然如虎视，则能重其体貌，下不敢易。又从于人者必有常。若间或无继，则其政败矣。‘其欲’，谓所须用者，必逐逐相继而不乏，则其事可济。若取于人而无继，则困穷矣。既有威严，又所施不穷，故能无咎也。”居于上位的国家重臣，必须有才德威望，为民众尊重敬畏，这样就会政令通畅、众人心服。若是民众轻慢国家官员，颁布的政令就难以执行，强制施行刑罚就会滋生怨恨，百姓犯上作乱的事情就会时常发生，这是祸乱的根源。六四所代表的大臣虽然能够顺从下位刚阳之才，但还要忠于职守。然而其本质阴柔，需要依赖贤人帮助，这样会招来他人轻视，为了避免他人轻视，就需要培养威严，行住坐卧都要有威仪，眼神犀利如虎视眈眈，使自己体貌庄重，下位的人就不敢轻视。六四的大臣养其威严，并不意味着要放弃礼贤下士、求养于下的心愿，恰恰相反，不能出尔反尔，要把选贤任能作为可持续的长期工作，如果朝令夕改，那么其施政就会败乱。“其欲逐逐”是说所须用的刚明之才要持续信任，这样事情才有可能办好；如果用人才而不能持续，就会落入困境。既有威严，又能够施政不穷，所以无咎，不会有过错。

最后《程传》又把六二爻与六四爻的“颠颐”做了对比：“二颠颐则拂经，四则吉，何也？曰：二在上而反求养于下，下非其应类，故为拂经。四则居上位，以贵下贱，使在下之贤，由己以行其道，上下之志相应而施于民，何吉如之？自三以下，养口体者也。四以上，养德义者也。以君而资养于臣，以上位而赖养于下，皆养德也。”为什么六二爻“颠颐”就是违背常理，六四爻“颠颐”就是吉祥呢？六二爻处在上位反而向下寻求初九爻的颐养，初九爻与六二爻并不相应，所以是违背常理的。六四爻居于上位，与初九爻是阴阳相应，以贵下贱，使下位贤人可以通过上位大臣施展抱负，上下志趣相投，合作施政利国利民，还有比这更吉祥的吗？六三爻以下，是颐养口腹身体的；六四爻以上，是修养道德义理的。作为君主而取资于臣下以颐养自己，作为在上位的而依赖下位之人以颐养自己，这都需要心胸气量，都是修养德性。

对于六四爻的《象辞》，《程传》解释说：“颠倒求养而所以吉者，盖得刚阳之应，以济其事，致己居上之德，施光明被于天下，吉孰大焉。”六四大臣下求初九贤人，颠倒求养能够吉祥的原因，是因为有刚阳相应，协力完成事业，使自己获得身居上位、善用贤人的美德，普施光明于天下，这样是最吉祥的！

《贞观政要》中记载的马周与常何，有点像此爻中六四大臣与初九刚阳之才的关系：“马周，博州茌平人也。贞观五年，至京师，舍于中郎将常何之家。时太宗令百官上书言得失，周为何陈便宜二十余事，令奏之，事皆合旨。太宗怪其能，问何，何对曰：此非臣所发意，乃臣家客马周也。太宗即日召之，未至间，凡四度遣使催促。及谒见，与语甚悦。令直门下省，授监察御史，累除中书舍人。周有机辩，能敷奏，深识事端，故动无不中。太宗尝曰：我于马周，暂时不见，则便思之。”常何是一个武将，在玄武门之变中帮了李世民的忙，被封为中郎将，但他没有读过书，缺乏治国安邦的本领。唐太宗命令百官上书，评价政令的得失。常何就请其门客马周来写，马周写的奏章纵论时政二十余项，件件都切中肯綮，唐太宗大喜，后来重用了马周。这也是六四大臣寻求初九贤人之养，共同利益国家的一个事例。

5. 阴柔之君，求师辅佐

六五：拂经，居贞，吉，不可涉大川。《象》曰：居贞之吉，顺以从上也。

《程传》释云：“六五，颐之时，居君位，养天下者也。然其阴柔之质，才不足以养天下，上有刚阳之贤，故顺从之，赖其养己以济天下。君者养人者也，反赖人之养，是违拂于经常。既以己之不足而顺从于贤师傅。上，师傅之位也，必居守贞固，笃于委信，则能辅翼其身，泽及天下，故吉也。阴柔之质，无贞刚之性，故戒以能居贞则吉。”“卦者事也，爻者事之时也”，五爻是君主之位，所以这一爻是讲君王颐养天下之道。但此处是六五不是九五，就是阐述阴柔之君，应该如何养天下。如果是刚明之君，就按照这个卦爻辞所展示的道理去推而广之即可。从六五这个角度来说，其本质阴柔，才能不足以颐养天下，而上九代表刚健的贤人，所以可以顺从他，仰仗他的支持以养己、养天下。君主本来是颐养他人的，现在反而依赖别人的颐养，这样违拂于常理，所以叫“拂经”。君王因为自己才能不足，于是顺从于贤能的太师、太傅，上九爻代表的是太师、太傅之位，君王必须坚守正固，完全信任师、傅，然后师、傅能够辅佐其身，君臣师徒同心，普施恩泽于天下，这样当然是吉祥的。六五君王本质阴柔，容易有多疑的毛病，缺乏刚强贞正的性格，所以爻辞告诫说，能够保持贞正、成始成终，用人不疑，就是吉祥的。

前面解释了“拂经，居贞，吉”，那么“不可涉大川”是什么意思呢？《程传》云：“以阴柔之才，虽倚赖刚贤，能持循于平时，不可处艰难变故之际，故云‘不可涉大川’也。以成王之才，不至甚柔弱也。当管蔡之乱，几不保于周公，况其下者乎。故《书》曰‘王亦未敢诮公’，赖二公得终信。故艰险之际，非刚明之主，不可恃也，不得已而济艰险者，则有矣。发此义者，所以深戒于为君也。于上九，则据为臣致身尽忠之道言，故不同也。”如果君王本来是阴柔之才，即使依赖刚健贤能的师、傅鼎力辅佐，也只能循规蹈矩过太平日子，但若自己和国家处于艰难变故之际，君王无刚明之才，虽有辅佐亦无用，所以说“不可涉大川”。周成王还不算过于柔弱，遇到了管叔、蔡叔的叛乱，周公也几乎保不住他了，况且历史上还有很多才华更加低下的君王呢？所以《尚书》说“成王也不敢责备周公、召公”，是凭借着周公、召公的全力辅佐，周成王才得以保全。所以在艰险之际，不是刚健明智的君主不能够掌控局势，守成之君不要主动去冒险，但有时候不得已而去涉险，这种情况也是难以避免的。六五爻阐发这个义理，是告诫那些处在君主之位的人，一举一动关乎天下利害，不要轻易冒险。而后面的上九爻所阐述的是臣子致身尽忠的道理，两爻的角度不同。

对于《象辞》,《程传》释云：“‘居贞之吉’者，谓能坚固顺从于上九之贤，以养天下也。”所谓“居贞之吉”，说的是能毫不动摇地顺从上九爻的太师、太傅，君臣同心完成养天下的重任。

6. 亦师亦臣，颐养天下

上九：由颐，厉吉，利涉大川。《象》曰：由颐厉吉，大有庆也。

“由颐”：天下都因上九爻所代表的帝王之师、傅而得到颐养。“厉吉”：帝王之师又是帝王之臣，要心中常怀危厉，就会吉。《程传》释云：“上九以刚阳之德居师傅之任，六五之君柔顺而从于己，赖己之养，是当天下之任，天下由之以养也。以人臣而当是任，必常怀危厉则吉也。如伊尹、周公，何尝不忧勤兢畏，故得终吉。”上九爻拥有刚阳之德居于太师、太傅的位置，六五之君柔顺并听从上九的指教，依赖上九师、傅的颐养，因此，上九辅佐六五之君承担天下的重任，天下依赖于他而得颐养。作为一个臣子担当这个重任，必须要心怀危厉，如临深渊、如履薄冰、戒骄戒傲，才能够吉祥。如商朝的伊尹、周朝的周公都是忧虑勤勉、谨慎敬畏，才能始终吉祥。

六五爻讲君王“不可涉大川”，而上九爻的师、傅则“利涉大川”，《程传》解释云：“夫以君之才不足而倚赖于己身，当天下大任，宜竭其才力，济天下之艰危，成天下之治安，故曰‘利涉大川’。得君如此之专，受任如此之重，苟不济天下艰危，何足称委遇而谓之贤乎。当尽诚竭力而不顾虑，然惕厉则不可忘也。”君王秉性阴柔不能处理复杂问题，幸有贤臣师傅得到君王的信任，上九应当竭尽全力，做好太师、太傅的辅佐工作，解决天下管理的艰险疑难问题，成就天下的和谐安定局面，所以说“利涉大川”。

得到君主的无限信任，把最重要的治国任务委托给他，如果不拯救天下艰危，怎么对得起君主的委任，怎么能称作贤人呢？应当竭诚尽力，不能瞻前顾后，但也不能忘了君臣之别、臣子本分，要保持怵惕、戒厉之心。

此爻的《象辞》，《程传》解释云："若上九之当大任如是，能兢畏如是，天下被其德泽，时大有福庆也。"像上九爻这样的贤人能够担当重任，又能够敬畏君王、谨慎行事、不骄不傲，天下都会蒙受他的恩泽，这个时代就会大有福庆。《说苑·尊贤篇》记载了齐桓公对于管仲的信任："齐桓公使管仲治国，管仲对曰：贱不能临贵。桓公以为上卿而国不治，桓公曰：何故？管仲对曰：贫不能使富。桓公赐之齐国市租一年而国不治，桓公曰：何故？对曰：疏不能制亲。桓公立以为仲父。齐国大安，而遂霸天下。"由于鲍叔牙的推荐，桓公了解到管仲是个人才，请管仲来辅佐他治国。管仲说身份低贱的人怎么能够统治身份高贵的人呢，桓公就拜他为上卿。管子有官位之后，齐国的治理还是没有立竿见影、看到成效，桓公询问原因，管仲就说贫穷的人不能指挥富裕的人。桓公就把齐国一年的集市租税都给了管仲，让管仲既富又贵。但一段时间以后国家治理还是没有成效，齐桓公又问原因，管仲说，与君王关系疏远的人没有办法管理与君王关系亲密的人，桓公就尊称管仲为"仲父"，就像周武王尊称姜尚为"尚父"一样。齐桓公如此信任管仲，让管仲集富、贵、亲于一身，保证政令畅通，齐国大治而称霸天下。管子也没有因为齐桓公的信任，而走到忘乎所以的地步，还是明君臣之分，用其智慧来成就齐桓公的功业。

通过对颐卦的解读，我们看到程颐还是一如既往阐释他向往的政治模型。在下位的刚明之臣，或者指导君王的刚明之师、帝王师，要在国家治理中发挥重要的作用。而君王柔而不刚不可怕，不能柔弱还要刚愎自用，要“柔顺”，要顺从、信任那些有才华的大臣、贤人。贤臣、师、傅可以放手做事，但不能动摇君王的位置，要知道分寸。形成君臣互补，把君权、臣权都划到一个框框里面，下忠于上，上信任下，形成一个相对稳定的治理结构。这是程颐等儒家知识分子一如既往的理想，通过对《周易》注释表达得很清楚，但这种理想很难真正地实现。

附:《周易程氏传》原文

颐卦

䷚ **震下艮上**

颐，《序卦》:“物畜然后可养，故受之以颐。”夫物既畜聚，则必有以养之，无养则不能存息，颐所以次大畜也。卦上艮下震，上下二阳爻，中含四阴，上止而下动，外实而中虚，人颐颔之象也。颐，养也。人口所以饮食，养人之身，故名为颐。圣人设卦，推养之义，大至于天地养育万物，圣人养贤以及万民，与人之养生、养形、养德、养人，皆颐养之道也。动息节宣，以养生也；饮食衣服，以养形也；威仪行义，以养德也；推己及物，以养人也。

颐：贞吉，观颐，自求口实。

颐之道，以正则吉也。人之养身、养德、养人、养于人，皆以正道则吉也。天地造化养育万物，各得其宜者，亦正而已矣。“观颐，自求口实”，观人之所颐与其自求口实之道，则善恶吉凶可见矣。

《彖》曰：颐贞吉，养正则吉也。观颐，观其所养也。自求口实，观其自养也。

“贞吉”，所养者正则吉也。“所养”谓所养之人与养之之道。“自求口实”谓其自求养身之道，皆以正则吉也。

天地养万物，圣人养贤以及万民，颐之时大矣哉！

圣人极言颐之道而赞其大，天地之道则养育万物，养育万物之道正而已矣。圣人则养贤才与之共天位，使之食天禄，俾施泽于天下，养贤以及万民也。养贤所以养万民也。夫天地之中，品物之众，非养则不生，圣人裁成天地之道，辅相天地之宜以养天下，至于鸟兽草木，皆有养之之政，其道配天地，故夫子推颐之道，赞天地与圣人之功，曰“颐之时大矣哉”。或云“义”，或云“用”，或止云“时”，以其大者也。万物之生与养，时为大，故云“时”。

《象》曰：山下有雷，颐，君子以慎言语，节饮食。

以二体言之，山下有雷，雷震于山下，山之生物，皆动其根荄，发其萌芽，为养之象。以上下之义言之，艮止而震动，上止下动，颐颔之象。以卦形言之，上下二阳中含四阴，外实中虚，颐口之象，口所以养身也。故君子观其象以养其身，慎言语以养其德，节饮食以养其体，不唯就口取养义。事之至近而所系至大者，莫过于言语饮食也。在身为言语，于天下则凡命令政教出于身者皆是，慎之则必当而无失。在身为饮食，于天下则凡货资财用养于人者皆是，节之则适宜而无伤，推养之道，养德养天下莫不然也。

初九：舍尔灵龟，观我朵颐，凶。

蒙之初六，蒙者也，爻乃主发蒙而言。颐之初九亦假外而言。“尔”谓初也。舍尔之灵龟，乃观我而朵颐，“我”对“尔”而设，初之所以朵颐者四也，然非四谓之也，假设之辞尔。九阳体刚明，其才智足以养正者也。龟能咽息不食，灵龟喻其明智，而可以不求养于外也。才虽如是，然以阳居动体而在颐之时，求颐，人所欲也。上应于四，不能自守，志在上行，说所欲而朵颐者也。心既动，则其自失必矣。迷欲而失己，以阳而从阴，则何所不至，是以凶也。“朵颐”为朵动其颐颔，人见食而欲之，则动颐垂涎，故以为象。

《象》曰：观我朵颐，亦不足贵也。

九，动体，“朵颐”谓其说阴而志动，既为欲所动，则虽有刚健明智之才，终必自失，故其才亦不足贵也。人之贵乎刚者，为其能立而不屈于欲也。贵乎明者，为其能照而不失于正也。既惑所欲而失其正，何刚明之有？为可贱也。

六二：颠颐，拂经，于丘颐，征凶。

女不能自处，必从男；阴不能独立，必从阳。二，阴柔不能自养，待养于人者也。天子养天下，诸侯养一国，臣食君上之禄，民赖司牧之养，皆以上养下，理之正也。二既不能自养，必求养于刚阳，若反下求于初，则为颠倒，故云“颠颐”。颠则拂违经常，不可行也。若求养于丘，则往必有凶。丘，在外而高之物，谓上九也。卦止二阳，既不可颠颐于初，若求颐于上九，往则有凶。在颐之时，相应则相养者也。上非其应而往求养，非道妄动，是以凶也。颠颐则拂经，不获其养尔；妄求于上，往则得凶也。今有人，才不足以自养，见在上者势力足以养人，非其族类，妄往求之，取辱得凶必矣。六二中正，在他卦多吉，而凶，何也？曰：时然也。阴柔既不足以自养，初上二爻皆非其与，故往求则悖理而得凶也。

《象》曰：六二征凶，行失类也。

征而从上则凶者，非其类故也。往求而失其类，得凶宜矣。行，往也。

六三：拂颐，贞凶，十年勿用，无攸利。

颐之道，唯正则吉。三以阴柔之质而处不中正，又在动之极，是柔邪不正而动者也。其养如此，拂违于颐之正道，是以凶也。得颐之正，则所养皆吉，求养、养人则合于义，自养则成其德。三乃拂违正道，故戒以十年勿用。十，数之终，谓终不可用，无所往而利也。

《象》曰：十年勿用，道大悖也。

所以戒终不可用，以其所由之道大悖义理也。

六四：颠颐，吉。虎视眈眈，其欲逐逐，无咎。

四在人上，大臣之位。六以阴居之，阴柔不足以自养，况养天下乎？初九以刚阳居下，在下之贤也。与四为应，四又柔顺而正，是能顺于初，赖初之养也。以上养下则为顺，今反求下之养，颠倒也，故曰“颠颐”。然己不胜其任，求在下之贤而顺从之，以济其事，则天下得其养，而己无旷败之咎，故为吉也。夫居上位者，必有才德威望，为下民所尊畏，则事行而众心服从。若或下易其上，则政出而人违，刑施而怨起，轻于陵犯，乱之由也。六四虽能顺从刚阳，不废厥职，然质本阴柔，赖人以济，人之所轻，故必养其威严，耽耽然如虎视，则能重其体貌，下不敢易。又从于人者必有常。若间或无继，则其政败矣。“其欲”，谓所须用者，必逐逐相继而不乏，则其事可济。若取于人而无继，则困穷矣。既有威严，又所施不穷，故能无咎也。二颠颐则拂经，四则吉，何也？曰：二在上而反求养于下，下非其应类，故为拂经。四则居上位，以贵下贱，使在下之贤，由己以行其道，上下之志相应而施于民，何吉如之？自三以下，养口体者也。四以上，养德义者也。以君而资养于臣，以上位而赖养于下，皆养德也。

《象》曰：颠颐之吉，上施光也。

颠倒求养而所以吉者，盖得刚阳之应，以济其事，致己居上之德，施光明被于天下，吉孰大焉。

六五：拂经，居贞，吉，不可涉大川。

六五，颐之时，居君位，养天下者也。然其阴柔之质，才不足以养天下，上有刚阳之贤，故顺从之，赖其养己以济天下。君者养人者也，反赖人之养，是违拂于经常。既以己之不足而顺从于贤师傅。上，师傅之位也，必居守贞固，笃于委信，则能辅翼其身，泽及天下，故吉也。阴柔之质，无贞刚之性，故戒以能居贞则吉。以阴柔之才，虽倚赖刚贤，能持循于平时，不可处艰难变故之际，故云“不可涉大川”也。以成王之才，不至甚柔弱也。

当管蔡之乱，几不保于周公，况其下者乎。故《书》曰“王亦未敢诮公”，赖二公得终信。故艰险之际，非刚明之主，不可恃也，不得已而济艰险者，则有矣。发此义者，所以深戒于为君也。于上九，则据为臣致身尽忠之道言，故不同也。

《象》曰：居贞之吉，顺以从上也。

“居贞之吉”者，谓能坚固顺从于上九之贤，以养天下也。

上九：由颐，厉吉，利涉大川。

上九以刚阳之德居师傅之任，六五之君柔顺而从于己，赖己之养，是当天下之任，天下由之以养也。以人臣而当是任，必常怀危厉则吉也。如伊尹、周公，何尝不忧勤兢畏，故得终吉。夫以君之才不足而倚赖于己身，当天下大任，宜竭其才力，济天下之艰危，成天下之治安，故曰“利涉大川”。得君如此之专，受任如此之重，苟不济天下艰危，何足称委遇而谓之贤乎。当尽诚竭力而不顾虑，然惕厉则不可忘也。

《象》曰：由颐厉吉，大有庆也。

若上九之当大任如是，能兢畏如是，天下被其德泽，时大有福庆也。

第十讲 咸卦解说

《周易》有六十四卦，分为上经、下经两部分。上经是以乾、坤为首，总共有三十个卦。下经以咸、恒开头，共有三十四个卦。咸卦是《周易》下经的第一卦。《程传》解释卦，还是从卦序开始："咸，《序卦》：'有天地然后有万物，有万物然后有男女，有男女然后有夫妇，有夫妇然后有父子，有父子然后有君臣，有君臣然后有上下，有上下然后礼义有所错。'天地万物之本，夫妇人伦之始，所以上经首乾、坤，下经首咸继以恒也。天地二物，故二卦分为天地之道。男女交合而成夫妇，故咸与恒皆二体合为夫妇之义。"根据《序卦》的观点，天地是万物的本源，夫妇是人伦的开始，因此《周易》上经以乾、坤开始，下经以咸、恒相继。天地是两种物象，因此乾、坤分别阐述天地之道。男女相交合成为夫妇，而咸、恒都包含着男女结合而成夫妇的意思。咸是由下艮上兑组合而成，艮代表少男，兑代表少女，咸是少男少女相互感应。恒是下巽上震，巽代表长女，震代表长男，青少年时代男子要主动追求女孩，长大成家以后男主外女主内。咸为爱情、恒为婚姻，这是男女结合成为夫妇的步骤。

在解释了咸、恒的卦序以后，《程传》进一步说："咸，感也，以说为主；恒，常也，以正为本。而说之道自有正也，正之道固有说焉：巽而动，刚柔皆应，说也。咸之为卦，兑上艮下，少女少男也。男女相感之深，莫如少者，故二少为咸也。艮体笃实，'止'为诚悫之义。男志笃实以下交，女心说而上应，男感之先也。男先以诚感，则女说而应也。""说"即"悦"，喜悦之意。咸，就是交感，男女相互感应、心有灵犀、两情相悦，所以是以喜悦为主；恒，是恒久，夫妇之道不可以不久，而夫妻、家庭的长久，关键要以正为本。所谓正心、诚意、修身、齐家、治国、平天下，夫妇之道要以爱情为基础，里面包含着两情相悦的成分，但不能仅仅止于此，还要认识到夫妇家庭是人伦之始，是家国天下的基石，是人类生生不息的源泉，所以要以正道为本。咸卦的两情相悦也要包含有正道，爱情的目的是走向稳定的婚姻与家庭；恒卦的正道之中也会延续男女的爱情、欢愉：恒卦中巽代表柔顺，震代表震动，六爻都有阴阳正应，这是柔顺地携手行动、携手同行，所以说恒中的正道也蕴含喜悦。咸卦上兑下艮，象征少女少男。男女爱慕，情感最深切的莫过于少男少女，因此用两个少年男女的卦象组合代表咸卦。艮为山，体性笃实，"止"乃诚实谨慎。男子以诚稳之志、谦卑之态与女子相交；女子矜持处上，内心喜悦与之感应，这是男子主动追求，女子被动感应，两情相悦、相互应和。咸卦跟《关雎》意境很像，"关关雎鸠，在河之洲，窈窕淑女，君子好逑"，一个少男非常诚稳、诚恳，居谦下之位，主动地追求这个少女，而少女被动感应。宋代易学家郭雍说，男子主动追求女子是正常的，如果女子太过主动，这就不好，叫“奔”，也就是私奔。当然这是古代社会的文化习惯，现在男女平等了，不一定非要男子主动。

一、《卦辞》《彖辞》《象辞》释义

1.《卦辞》

咸：亨，利贞，取女吉。

“取”即“娶”，咸有亨通之德，利于守持正固，娶女吉祥。这是字面的理解。儒家易学的关键是推天道以明人事，通过卦爻辞中的典故、故事引申出一些齐家治国的道理。我们看程颐的讲法，《程传》首先解释“咸”为“感”的道理：“咸，感也。不曰‘感’者，咸有‘皆’义，男女交相感也。物之相感，莫如男女，而少复甚焉。凡君臣上下，以至万物，皆有相感之道。”咸，就是交感之意。卦名不叫作“感”，是因为咸还有“皆、都”的含义，有个成语“少长咸集”，就是取“都”这个含义。咸重点讲的是少男少女相互交感，不是剃头挑子一头热。万事万物的相互感应，以男女情感最强，而少男少女之间又是特别中的特别。少男少女初恋，经常念兹在兹，走路想他，吃饭也想他，时时刻刻都互相思念，还经常心有灵犀一点通，你想给他打电话的时候，他正想给你拨电话，互相之间非常默契。从爱情的感应现象进一步引申，君臣上下以至于万物，皆有相互感通之道。君臣能够相互感通，能够心有灵犀、心心相印，那么管理活动中决策者和执行者就融为一体，管理活动一定会高效。天地万物都有相感之道，比如每年阳历三月下旬，二十四节气中的春分，上天通过日照角度、时间、温度等信息发出指令，大地感应到这些指令，而后春暖花开，武汉大学的樱花也是在此前后开放，春华秋实，都是天地交感所产生的成果。

然后，《程传》又解释“亨”的含义：“物之相感，则有亨通之理。君臣能相感，则君臣之道通；上下能相感，则上下之志通，以至父子、夫妇、亲戚、朋友，皆情意相感，则和顺而亨通。事物皆然，故咸有亨之理也。”万物交感自然就会有亨通之理。君臣如果能相互交感、心心相印，则君臣之道就能通达；上下级之间如果心有灵犀，那么上下的心志就能相通。这样的道理推到父子、夫妇、亲戚和朋友之间都适用，只要相互之间情谊相投，那么一定能和顺而亨通。万事万物都是这样，因此咸有亨通之理。如果说一个单位、一个家庭里面，人物关系不是心有灵犀、相互感通，而是人心隔肚皮、各怀鬼胎，到处弥漫着明枪暗箭，都是看不见的硝烟，这样就是不和顺、不亨通。那么家庭、单位就会出问题，需要好好学习咸卦的精神，加以调整、改进。鲁迅的小说里面有个“咸亨酒店”，这个名字就是从本卦的卦辞来的，少男少女之间相互感应、心心相印而亨通和谐，进而引申为通过开怀畅饮就可以达到与爱情类似的身心亨通、和谐境界，这也是一种感通，但不太像“以正相感”了。

卦辞里的“利贞”，《程传》是这样解释的：“‘利贞’，相感之道利在于正也。不以正，则入于恶矣，如夫妇之以淫姣，君臣之以媚说，上下之以邪僻，皆相感之不以正也。”男女、君臣、上下相互感通的基本原则就是要以正道相感。如果不以正道相感，那么就入于邪恶。男女之间整天想的就是男欢女爱的事情，以此蛊惑对方、迷惑对方；君臣上下之间，臣子不断献媚，君王又很享受这种献媚，这都是“相感不以正”。这种情况历史上很多，就像齐桓公与易牙、竖刁之间，易牙杀子奉君、竖刁自残求容，这都是君臣以邪僻之道相感的典型。而唐太宗与魏徵等，这是正道相感的例子。

最后看《程传》对于“取女吉”的注释：“‘取女吉’，以卦才言也。卦有柔上刚下，二气感应，相与止而说，男下女之义。以此义取女，则得正而吉也。”所谓“娶女吉”，是从卦之才性来讲的。代表少女的兑卦阴柔居上，代表少男的艮卦阳刚居下，男子谦虚、女子矜持，六爻都是阴阳正应，阴阳之气互相感应；艮为安止、兑为喜悦，男女相互欢愉而不过度，用咸卦的精神内涵来娶妻，就会得正道而吉。

2.《彖辞》

《彖》曰：咸，感也。柔上而刚下，二气感应，以相与止而说，男下女，是以亨利贞，取女吉也。天地感而万物化生，圣人感人心而天下和平。观其所感，而天地万物之情可见矣。

《彖辞》的第一部分是解释卦名与卦辞，第二部分是深入阐释感应之道。首先看第一部分：“咸，感也。柔上而刚下，二气感应，以相与止而说，男下女，是以亨利贞，取女吉也。”《程传》释云：“咸之义感也。在卦，则柔爻上而刚爻下，柔上变刚而成兑，刚下变柔而成艮，阴阳相交，为男女交感之义。又兑女在上，艮男居下，亦柔上刚下也。阴阳二气，相感相应而和合，是‘相与’也。

‘止而说’，止于说，为坚悫之意。艮止于下，笃诚相下也；兑说于上，和说相应也。以男下女，和之至也。相感之道如此，是以能亨通而得正，取女如是则吉也。卦才如此，大率感道利于正也。”咸就是相互感应的意思。“柔上而刚下”有两个解释，其一是咸卦由否卦变化而成，将否卦的六三爻与上九爻互换，这就是阴柔之爻上、阳刚之爻下。另外阴阳相交，是男女互相感通的道理，艮代表少男，而居于下体；兑代表少女，而居于上体，男子阳刚、女子温柔，这也是“柔上而刚下”的意思。阴阳二气，相互交感应和，是“相与”的意思。“止而说”，是艮卦与兑卦的卦德，艮为安止，兑为喜悦，两卦结合就是止于喜悦，高高兴兴地安止于正道，《大学》所谓“知止而后有定，定而后能静，静而后能安，安而后能虑，虑而后能得”，就是“坚悫”的意思。艮卦在下，有笃诚之意；兑卦在上，有喜悦相应之意。夫唱妇随，是古代家庭中常见的局面，但男在女下，男子为女子服务，“画眉深浅入时无”则是两人最和顺、最自然、最快乐的时候，能如此互相感通，而不是一味强调一方服从另一方，就是能亨通而得正，这样娶女子才会吉祥。咸卦的才性如此，整体而言感通之道的关键在于守正。

《彖辞》的第二部分是“天地感而万物化生，圣人感人心而天下和平。观其所感，而天地万物之情可见矣”。《程传》解释说：“既言男女相感之义，复推极感道，以尽天地之理、圣人之用。天地二气交感而化生万物，圣人至诚以感亿兆之心而天下和平。天下之心所以和平，由圣人感之也。观天地交感化生万物之理，与圣人感人心致和平之道，则天地万物之情可见矣。感通之理，知道者默而观之可也。”前面已经说了男女相互感通的道理，又将感通之道推而广之，来阐述天地的情理、圣人的大用。天地二气相交感就可以化生万物，通过二十四节气、春夏秋冬的运行，天地相互感应，就会有春生、夏长、秋收、冬藏，这就是化生万物。圣人以至诚之道与亿万百姓之心相互感通，领导者与老百姓心连心，圣人以宽广的心胸、民本的情怀，行感通之道，当然就会换来天下和平。观察天地交感而化生万物的道理，体会圣人和百姓以至诚相感达致天下和平的道理，那么天地万物的情和理都在其中了。“感通之道，知道者默而观之可也。”感通的道理，悟道之人只需要安静地体察就可以了。有智者看到柳绿花红、听到蝉鸣鸟叫，就知道这是天地感通化生万物的结果。孔夫子讲：“天何言哉？四时行焉，百物生焉，天何言哉？”天地哪说了什么话呢？但天地通过感通之道，化生万物。我们推天道以明人事，那么圣君与百姓、上级与下级的相互感通之道就在其中了，认识这个道理，就是格物、致知的过程，再内化于心，就是诚意、正心、修身，外化于行，就是齐家、治国、平天下。程颐的哥哥程颢写过一首《秋日偶成》：“闲来无事不从容，睡觉东窗日已红。万物静观皆自得，四时佳兴与人同。道通天地有形外，思入风云变态中。富贵不淫贫贱乐，男儿到此是豪雄。”从一种天地万物之情比附延伸到君子修德，这也是“默而识之”，体会天地感通之道，由此而确立君子人格。

从咸卦的初始意义来说，少男少女相爱了，心中只有对方，总想为对方好。把这种相互感通的情理转移到齐家、治国、平天下当中去，一心为了家人、为了百姓，这就是君子之道了。咸卦的男女感通跟泰卦的天地交通是一样的道理，整个儒家易学的核心问题也在于此。

3.《大象辞》

《象》曰：山上有泽，咸，君子以虚受人。

咸卦上体为兑为泽，下体为艮为山。兑上而艮下，所以说“山上有泽”是咸卦之象。《程传》释云：“泽性润下，土性受润，泽在山上而其渐润通彻，是二物之气相感通也。君子观山泽通气之象，而虚其中以受于人。夫人中虚则能受，实则不能入矣。虚中者，无我也。中无私主，则无感不通。以量而容之，择合而受之，非圣人有感必通之道也。”湖泊、水泽的性质在于润下，山也属于土性，而土的性质易于接受这种润泽。泽在山之上渐渐润泽山林，使水土交融、山水交融，这便是泽、山二物之气相互感通。君子观察山泽通气之象，由此格物致知，懂得放空内心来接受、包容他人。一个人虚心，就能够含纳万物；如果内心自满，那就没有什么可接受的。“虚中者，无我也”是程颐提的一个非常重要的观点，《论语》有云：“子绝四：毋意，毋必，毋固，毋我。”心中如果没有私欲则无感不通。如果只是以心量容纳、忍受，或者选择合乎自己心意的意见来接受，这都还没有达到圣人无我、无私、有感必通的境界。佛经里边有一句话，“佛于罗睺罗及一阐提同于子想”。罗睺罗是佛陀儿子，跟佛一起出家，最后修行成为阿罗汉、菩萨，一阐提是善根断尽、坏到底的人，佛对他们都一视同仁，把各类众生都当子女一样，这是无私、无我。但都“同于子想”，有没有姑息养奸的问题呢？不是的。一阐提干了坏事，肯定要受惩罚，这是因果的规律，也是感通之道，佛陀以悲悯之心来看待惩罚，期望通过惩戒而使得众生改过迁善。

二、爻辞释义

1.以微处初，其感未深

初六：咸其拇。《象》曰：咸其拇，志在外也。

咸卦六爻都是以身心部位来比附感应之道，“拇”是大脚趾，《程传》释云：“初六在下卦之下，与四相感。以微处初，其感未深，岂能动于人？故如人拇之动，未足以进也。拇，足大指。人之相感，有浅深轻重之异，识其时势，则所处不失其宜矣。”初六爻在下卦的下面，与九四爻相感应。感应刚刚开始，相互感通还不深，只是点头之交，见面相互客气一下，怎么能从心灵深处感动别人呢？这就像人的大脚趾动一下，不足以迈步前进。人和人的相互感应，有深浅轻重之分，如果能分清楚相互感应的深浅差别，那么在与人相处的时候就能拿捏好分寸。有些人平常朋友很多，但都是酒肉朋友，一旦碰到困难了，就发现身边无人可以帮忙，这都是“其感未深”。而刘备病重之后，在白帝城托孤于诸葛亮，那是他们君臣相感程度深，相互之间已经有了这个信任，刘备说与不说，诸葛亮都会担起责任。

《象辞》是“咸其拇，志在外也”。《程传》释云：“初志之动，感于四也，故曰‘在外’。志虽动而感未深，如拇之动，未足以进也。”初六爻之所以动心上求，是因与九四爻相感，因此说“在外”。虽然心志动了，但相互之间的感通不深，没有深入的交往，如同脚大拇指动一下，没有到迈步前进的程度。1050 年，18 岁的程颐曾经上书宋仁宗，讲了一番治国的道理，“愿得一见天颜，罄陈所学，如或有取，陛下置之左右，使尽其诚”。年轻的程颐还不清楚其感未深、不能动于人的道理，这次上书并没有获得皇帝的回应，但其志在天下的心态已经表现出来了。

2. 守道不先，以待上求

六二：咸其腓，凶，居吉。《象》曰：虽凶，居吉，顺不害也。

腓就是小腿肚。六二爻感应到了小腿肚。《程传》释云：“二以阴居下，与五为应，故设咸腓之戒。腓，足肚，行则先动，足乃举之，非如腓之自动也。二若不守道，待上之求，而如腓自动，则躁妄自失，所以凶也。安其居而不动，以待上之求，则得进退之道而吉也。二，中正之人，以其在咸而应五，故为此戒。复云‘居吉’，若安其分，不自动，则吉也。”六二爻为阴爻处下，与九五爻相应，因此爻辞设立“咸腓”这一告诫。腓是小腿肚子，人在行走的时候，脚足先迈出，足带着小腿，小腿带大腿运动。小腿肚不能自己动。六二爻若不安守道义等待上位君王主动召请，就像腿肚子自己抖动一样，属于急躁妄动、迷失自我的人，其结果一定是凶险的。六二之人，应当稳坐钓鱼台，安其所居，不急躁妄动，等待上位君王的召请，这样才能进退自如，获得吉祥的结果。六二爻是中正的人，因为处于咸卦并且与九五相应，所以有此告诫。又说“居吉”，是指如果六二爻能安分守己，不主动、不妄动、不躁动，等待君王主动感应、主动召请，这样就会吉祥。

《程传》对于《象辞》的解释是：“二居中得正，所应又中正，其才本善，以其在咸之时，质柔而上应，故戒以先动求君则凶，居以自守则吉。《象》复明之云：非戒之不得相感，唯顺理则不害，谓守道不先动也。”六二爻居中得正，与之相应的九五爻也具中正之德，所以六二爻代表的这类人本来是好的，只因处在“咸”之时，其以柔顺之质上应九五爻，因此告诫他说，如果主动来求君王感应则凶险，而安静自守等待君王召请则吉祥。《象传》再次申明，不是告诫六二不可与九五感通，只是要求其顺乎情理，不主动取悦上级，这样就不会产生负面效果。就像姜子牙稳坐钓鱼台，等着文王主动与之相感，诸葛亮隐居卧龙冈，等着刘备三顾茅庐，这都是不主动取悦上级，但并不是说他们不期望与君王相感应。1059 年，程颐 27 岁，吕公著主政国子监，亲自登门邀请程颐当学正，程颐拒绝，在《谢吕晦叔待制相见书》中说：“窃以古之时，公卿大夫求于士，故士虽自守穷阎，名必闻，才必用。今之时，士求于公卿大夫，故干进者显荣，守道者沉晦。颐处乎今之世，才微学寡，不敢枉道妄动，虽亲戚乡闾间，鲜克知其所存者，矧敢期知于公卿大夫乎？伏承阁下屈近侍之尊，下顾愚陋，仰荷厚礼，愧不足以当之。噫！公卿不下士久矣。颐晦于贱贫，世莫之顾，而公独降礼以就之。非好贤乐善之深，孰能如是乎？幸甚幸甚。愿阁下持是好贤之心，广求之之方，尽待之之道，异日登庙堂，翊明天子治，以之自辅，以福天下，岂不厚与！鄙朴之人，不善文词，姑竭其区区，少致谢恳。”比之九年前，程颐显得更加成熟了，指出古代公卿大夫礼贤下士，当时则是士人攀附于公卿大夫，而吕公著能够主动下士求贤是很难得的。这也体现程颐居下守道，不攀附权贵的人生态度。程颐此时没有答应出山，并非不期望与上相感应，而是这个平台不适合自己。后来朝廷请他担任崇政殿说书，他也是屡次推辞，最后还是接受邀请。其立身处世，体现了咸卦六二爻“行凶居吉、守道不先”的思想。

3. 感于所悦，可羞吝也

九三：咸其股，执其随，往吝。《象》曰：咸其股，亦不处也；志在随人，所执下也。

“股”是大腿。《程传》释云：“九三以阳居刚，有刚阳之才，而为主于内，居下之上，是宜自得于正道，以感于物，而乃应于上六。阳好而上说，阴上居感说之极，故三感而从之。”程颐首先从爻位置分析，九三作为阳爻居阳位，有阳刚之才，是下面艮卦的最上爻，也是艮卦唯一的阳爻，是内卦的主爻，所以说其宜自得于正道，以正道来感通万物。但是此九三与上六相应。上六是兑卦中唯一的阴爻，是兑的主爻，兑为喜悦，所以上六爻是喜悦的极点，也是咸卦感应的极致。九三之阳爻帅气，上六之阴爻喜欢他，因此九三爻与之相感而从。但两者相感是因上六的私情，是上六喜欢上九三，九三也看中了上六的地位和权力，两者不是以正道相感。

《程传》再从爻辞所说的“股”这个自然之象进一步分析：“股者，在身之下，足之上，不能自由，随身而动者也，故以为象，言九三不能自主，随物而动，如股然，其所执守者随于物也。刚阳之才，感于所说而随之，如此而往，可羞吝也。”大腿在身体下方、脚的上方，不能自由行动，人要走路，是脚带动小腿、小腿带动大腿，随身而动。从“股”这个表象来说，九三不能自主，受制于私欲，只能跟随权势、私情而感应，一个刚阳之才被名利钱财等勾着跑。九三爻所代表的这一类人，从他的才华、素质来说，本来可以守正道，以正道相感，为万民造福，但是却被私情利欲蛊惑，这样发展下去，其结局一定是值得羞吝的。这一类人，在历史上、现实中都不少。有一些人，本来工作能力很强，可以凭着本事干出一番事业，但后来热衷于攀附权贵，搞小团伙，上下之间不是以道相感，而是以私利、私情打造圈子，最后身败名裂，非常可惜。

对于《象辞》,《程传》释云:“云‘亦’者，盖《象辞》本不与《易》相比，自作一处，故诸爻之《象辞》，意有相续者。此言‘亦’者，承上爻辞也。上云‘咸其拇，志在外也’，‘虽凶居吉，顺不害也’。‘咸其股，亦不处也’：前二阴爻皆有感而动，三虽阳爻亦然，故云‘亦不处也’。‘不处’谓动也。有刚阳之质，而不能自主，志反在于随人，是所操执者卑下之甚也。”程颐指出,《周易》的《经》《传》本来是分开的。咸卦诸爻之《象传》前后语气相连。九三《象辞》才会出现“亦”字。这里说“大腿产生感应，也是不安处”，是因为前面两个阴爻都因感通而动，九三虽是阳爻，也有寻求感应的动力，所以说“亦不处也”。“不处”就是妄动。有刚阳的才质却不能自主，无原则地追随他人，显示他的操守十分卑下。

4. 虚中无我，无感不通

> 九四：贞吉，悔亡。憧憧往来，朋从尔思。《象》曰：贞吉悔亡，未感害也；憧憧往来，未光大也。

《程传》对九四爻辞的解释比较长。第一段先论述咸卦从人身体取象、本爻取象于“心”的问题:“感者，人之动也，故皆就人身取象。拇取在下而动之微，腓取先动，股取其随。九四无所取，直言感之道，不言‘咸其心’，感乃心也。四在中而居上，当心之位，故为感之主，而言感之道。”感是人的感动，因此六爻都从人身体取象。脚趾是取其在身体之下行动隐微之意，小腿肚是取其先动之意，大腿取其跟随身体动之意。九四爻在一卦中间偏上，正好是心的位置，是感通之主，发挥感通之道。九四爻应该是取象于“心”，但爻辞不说“咸其心”，是因为“感”就是心之感，所以不用写出来，而直接谈感通之理。

第二部分解释“贞吉，悔亡”：“贞正则吉而悔亡，感不以正，则有悔也。又四说体，居阴而应初，故戒于贞感之道，无所不通，有所私系，则害于感通，乃有悔也。圣人感天下之心，如寒暑雨阳，无不通，无不应者，亦贞而已矣。贞者，虚中无我之谓也。”程颐指出“贞”就是“虚中无我”，这是从咸卦的《大象》“君子以虚受人”中来的。前面已经解释过。虚中无我，才能守持正道、守持正固，以无私无我的圣人心胸与天下百姓相互感应，以百姓之心为心，这样就会吉而无悔，若感通不以无私无我的正道，就会有悔。九四爻属于代表喜悦的兑卦，居于阴位并与初六爻相应，因此特别告诫于相互感应要守持正道，虚中无我，使其无所不通。不能出自阴柔之秉性，以个人喜悦、偏好为出发点行上下、君民之感应，若内有私心杂念，则有害于感通，就有悔。就如天与地对寒暑晴雨的相互感应一样自然，天晴地暖、天雨地湿，圣人与天下百姓之心无所不通、无所不应，关键就是做到“贞”，做到虚中无我。

第三部分解释爻辞的最后一句话“憧憧往来，朋从尔思”：“夫贞一则所感无不通，若往来憧憧然，用其私心以感物，则思之所及者有能感而动，所不及者不能感也，是其朋类则从其思也，以有系之私心，既主于一隅一事，岂能廓然无所不通乎？”“憧憧往来”，心意不定、反复琢磨的样子；“朋从尔思”，只有同党、同类会与你感应，顺从你的心思。圣贤守持正固、虚中无我则感无不通，如果不是无私利他，而是以自我、自私的出发点去权衡，则心意不定、反复思求，用自己的私心来感通事物，那么思考到了、与自己利益一致的就能感通，没思考到的、与自己利益不一致的就不能感通，若是他的朋党同类就会随他的心思而感应，以这样有牵挂的私心，纠结于一隅一事，就不可能廓然大公、无所不通。

《系辞》中记录了一段孔子对于咸卦九四爻辞的阐发：“憧憧往来，朋从尔思。天下何思何虑？天下同归而殊途，一致而百虑。天下何思何虑？日往则月来，月往则日来，日月相推而明生焉。寒往则暑来，暑往则寒来，寒暑相推而岁成焉。往者屈也，来者信也，屈信相感而利生焉。尺蠖之屈，以求信也。龙蛇之蛰，以存身也。精义入神，以致用也。利用安身，以崇德也。过此以往，未之或知也。穷神知化，德之盛也。”这一段与《论语》中的“天何言哉？四时行焉，百物生焉”差不多，重点阐释天地万物根据自然规律往来运行，因此能无私而无所不感，以其无私而成其化育万物之功。君子要体察天地之道，以虚中无我之心感应天下、安身崇德。

《程传》分四句对此进行注解阐释。第一句是“天下何思何虑？天下同归而殊途，一致而百虑。天下何思何虑？”《程传》云：“夫子因咸极论感通之道。夫以思虑之私心感物，所感狭矣。天下之理一也，途虽殊而其归则同，虑虽百而其致则一。虽物有万殊，事有万变，统之以一，则无能违也。故贞其意，则穷天下无不感通者焉，故曰‘天下何思何虑’。用其思虑之私心，岂能无所不感也？”夫子借咸卦九四爻来发挥感通之道。用权衡思虑的私心来感物，所感受的就偏狭。天下的道理是一样的，殊途同归，百虑一致。万物虽然有区别分殊，事情有万种变化，最后都归于贞一之道，有因就有果、有感就有应，私心相感必然是有悔之应，无私之心相感必然是通达吉祥之应，谁也不能违反这个规律。因此，能行贞一之道，虚中无我，那么天下没有不能感通之事，所以说："天下还有什么好以私心琢磨、思虑的呢？"如果思虑时用了私心，怎么能达到无所不感的吉祥状态呢？

第二句是"日往则月来，月往则日来，日月相推而明生焉。寒往则暑来，暑往则寒来，寒暑相推而岁成焉。往者屈也，来者信也，屈信相感而利生焉"。《程传》释云："此以往来屈信明感应之理。屈则有信，信则有屈，所谓感应也。故日月相推而明生，寒暑相推而岁成，功用由是而成，故曰‘屈信相感而利生焉’。感，动也，有感必有应。凡有动皆为感，感则必有应，所应复为感，感复有应，所以不已也。"这一段主要是阐明天地日月屈信明感应之理。屈则有信，信则有屈，这就是"感应"。日月如梭，交替运行，于是大地上有了光明；寒来暑往，冬去春来，于是有了一年四季。太阳伸展的时候月亮屈藏，月亮伸展时候太阳屈藏，通过日月屈伸，昼夜转换、四季运行，大地感应天时的变化，形成了春生、夏长、秋收、冬藏，万物得以生长，这是天地感通所创造的"利"。感就是感动，有感就一定有应。心有所感，事必有所应；事有所应，心必然有所感，感与应的循环不会停止，万物生生不息的"利"就越来越多。这种感应、感通之道形成的关键还是天地无私、天地无言，这是天地的感通之道可以作为人类学习目标的原因。

第三句是“尺蠖之屈，以求信也。龙蛇之蛰，以存身也。精义入神，以致用也。利用安身，以崇德也。过此以往，未之或知也”。《程传》释云：“前云屈信之理矣，复取物以明之。尺蠖之行，先屈而后信，盖不屈则无信，信而后有屈，观尺蠖则知感应之理矣。龙蛇之藏，所以存息其身，而后能奋迅也，不蛰则不能奋矣。动息相感，乃屈信也。君子潜心精微之义，入于神妙，所以致其用也。潜心精微，积也；致用，施也。积与施乃屈信也。‘利用安身，以崇德也’，承上文致用而言：利其施用，安处其身，所以崇大其德业也。所为合理，则事正而身安，圣人能事尽于此矣，故云‘过此以往，未之或知也’。”《系辞》中的“信”通“伸”，前面说了屈伸感应的道理，这里又举动物的例子来证明其为自然界的普遍规律。尺蠖是尺蛾的幼虫，身体细长柔软，爬行时候一屈一伸。尺蠖爬行时，先弯曲然后前进，是因为不弯曲就无法前进，前进后又弯曲，像波浪一样，波峰和波谷相互推动，观察尺蠖的爬行方法就可以知道感应的道理。龙蛇潜藏起来，是为了存养自身，然后能奋发有为，不蛰伏就不能奋发。这里说蛇的蛰伏，不是冬眠，而是在准备捕获食物。它要把自己的身体屈拱绷住，把身体弹力保持最好，然后猛然往前弹跳，以这种奋迅的状态才能够战胜对手、抓到食物，动和静相感通，这就是“屈伸”的道理。君子潜心于精微的义，观察天地万物的基本规律，以此格物、致知，推天道以明人事，渐渐达到神妙之境，这就是诚意、正心、修身的过程。最后的目的是经世致用，也就是齐家、治国、平天下。“潜心精微”是积累，“致用”是施展。积累与施展就是“屈和伸”的关系。“利用安身，以崇德也”，是承续“致用”来说的，由于天地屈伸感应，万物得以生长发展，春华秋实，此为天地所生之“大利”，君子虚中无我，以此美利而利益天下，就是君子处身、修身之道，也是崇德广业之道。君子效法天地之道，所为合乎天理，就会事正而身心安定，圣人能力、功业都在这里了，所以会说“超越于此，就无法知道是什么样了”，这是体悟天道，完善圣贤人格的极致了。

第四句是“穷神知化，德之盛也”。《程传》释云：“既云‘过此以往，未之或知’，更以此语终之，云穷极至神之妙，知化育之道，德之至盛也，无加于此矣。”既然说了“过此以往，未之或知”，之后再加上这一句，说圣人通过体察日月往来、天地相感、虫蛇屈伸的感应之理，知道天地通过感应，无私无虑而生养万物，把天地化育万物之道推而广之，运用到“人事”的管理，就可以达到德业盛大的吉祥状态。

《系辞》的这段话是对“憧憧往来，朋从尔思”的一个解释。大致的意思是圣人如能像天地一样无私心而治天下，自然无所不感、无所不应，上下同心相应、同气相求，达到一种非常和谐的状态，成就伟大的事业；如果有私心，停留在“憧憧往来，朋从尔思”的阶段就不行了。

对于此爻《象辞》，《程传》释云：“贞则吉而悔亡，未为私感所害也；系私应则害于感矣。‘憧憧往来’，以私心相感，感之道狭矣，故云‘未光大’也。”虚中无我、守持正确的感应之道，就会吉祥无悔，其原因是没有为私心的偏狭之感所害。“憧憧往来、朋从尔思”是以私心相感，没达到天地无私、圣人无私的境界，其感通之道就不可能光大。

5. 背其私心，诚感天下

九五：咸其脢，无悔。《象》曰：咸其脢，志末也。

《程传》释云：“九居尊位，当以至诚感天下，而应二比上。若系二而说上，则偏私浅狭，非人君之道，岂能感天下乎？脢，背肉也，与心相背而所不见也。言能背其私心，感非其所见而说者，则得人君感天下之正，而无悔也。”“脢”是脊背上的肉。九五爻是阳爻居于尊位，九五至尊，应当以至诚之道来感应天下。从爻位关系来说，九五和六二相应，和上六比邻。上六属于兑卦的最上爻，有片面追求喜悦、享受的意象。如果是九五爻带着与其相应的六二爻，谄媚求悦于上六爻，那就会偏私浅狭，不是人君所行之道，怎么能感动天下呢？“脢”是脊背之肉，代表与心相背，就是说人君治理天下，要背离自己的私心、私欲，让那些君王看不到的、不在自己身边的遐远之人都能感应到君王的恩泽而内心喜悦，这才是君王感通天下的正道，以此行事则无悔。

再看此爻《象辞》，《程传》释云：“戒使背其心而咸脢者，为其存心浅末，系二而说上，感于私欲也。”《象辞》是告诫人君，一定要像脊肉背离心脏一样，背离私心私欲来感应天下。如果存心浅末、有私心，与下面六二爻相应，整合上下的力量取悦上六所代表的亲信、权贵利益集团，就是私欲相感，无法光大感应之道。

6. 嘴上感应，口蜜腹剑

上六：咸其辅颊舌。《象》曰：咸其辅颊舌，滕口说也。

九五之“脢”，再往上就是嘴巴了。“辅颊舌”，辅是上颌；颊是面颊，上颌、面颊、舌头都是说话时要运动起来的部分，用“咸其辅颊舌”代表语言而非心灵的感应。《程传》释云：“上阴柔而说体，为说之主，又居感之极，是其欲感物之极也，故不能以至诚感物，而发见于口舌之间，小人女子之常态也，岂能动于人乎？”上爻阴柔，居兑卦最上，兑有喜悦的含义，上六爻为兑卦（代表喜悦及言说）之主爻；上六又是咸卦的最上方，代表感应的极点，非常急切地寻找感应对象，所以不能以至诚之心感应外物，而只能以口舌语言寻求表面的感应，这便是小人和女子的常态，这样的感通怎么能真正地打动他人呢？

《象辞》是“咸其辅颊舌，滕口说也”。滕口说，有鼓动口舌、巧言令色的意思，《程传》释云：“唯至诚为能感人，乃以柔说腾扬于口舌，言说岂能感于人乎？”只有至诚之心才能感动别人，那些口蜜腹剑的甜言蜜语、花言巧语，怎么能感动别人呢？这种嘴皮上的感应，古往今来都是屡见不鲜。齐景公跟孔子是同一个时代的人。景公身边有个忠臣叫晏婴。晏婴跟齐景公是以正道相感的典型。君王一旦有错误了，晏子马上就指出来。齐景公有一个毛病，非常喜欢喝酒，有一次，齐国接连下了二十多天的雨，景公没法外出，他就在家里面边喝酒边听唱歌，在全国寻访歌手陪他解闷，而不是巡查涝灾、开仓赈灾。晏子就反复劝谏。齐景公一开始还不太情愿，后来晏子就说你不赈灾我就辞职，然后把自己家里的粮食分给受灾百姓，散尽家财，准备隐居。景公这才醒悟，主动承认错误，把国库的粮食储备等都交给晏子全权处理，救护百姓。这就是君臣上下以正相感。

而齐景公与梁丘据，就是“咸其辅颊舌”、以邪道相感的典型了。据《晏子春秋》记载，有一天深更半夜，齐景公酒瘾犯了，他带着酒、坐着马车去找晏子。晏子看到国君乘车深夜到家门口，以为是国家发生大事了。他马上换上官服，迎接君王，说：“君王深夜到此，是不是有什么紧急公务？”齐景公说：“国家很太平，没有任何事情，我有美酒，想在深夜跟你分享。”晏子一听就很不高兴，认为自己是帮君王治国安邦的宰相，不是半夜陪你喝酒聊天的人。所以晏子就不接待他。之后，齐景公又去司马穰苴将军的家，司马穰苴的态度也跟晏子一样，不接待齐景公。最后，齐景公乘车去了梁丘据家。梁丘据大老远看到君王的专车，就心领神会：君王深夜来此，肯定是要喝酒。于是马上安排好乐队，出来迎接君王，问道：“君王深夜到此，是不是想喝酒取乐？”齐景公说：“你非常懂我的心思。”两个人就高高兴兴地一起把酒言欢，渡过了一个美好的夜晚。景公感叹说，如果没有晏婴和司马穰苴这些忠心耿耿的文臣武将不愿意陪他喝酒，一心帮他齐家治国，那他就不可能安心喝酒、随便玩乐。但如果没有梁丘据这种人，他想玩乐的时候就没有玩伴。景公就是这样忠臣奸臣两用之，这也为后面齐国衰落、田氏代齐埋下伏笔。

《晏子春秋》还记载了晏子与齐景公关于“和而不同”的讨论，引发这个讨论的就是梁丘据。有一天齐景公打完猎在遄台（又名歇马台，据说是齐国临近都城的驿站）休息，晏婴在他身边陪侍，此时，梁丘据急急忙忙过来拍马屁，赶来拜见。齐景公对晏婴说："梁丘据与我是最和谐啊！"晏子提出，梁丘据和齐景公的关系，只能叫"同"，不能叫"和"，并阐释了"和"与"同"的区别。他说"和"就好比烹调，主要的食材是鱼、肉，但需要水、火、醯醢、盐、梅等来煮熟、化腥、调味，把鱼肉之中不好的腥臊之味去掉，把营养成分保留好，调出鲜美的味道，"齐之以味，济其不及，以泄其过"，这是"调和"的关键。人们吃到这样的食物，就会内心舒坦、有益健康。君臣上下的关系也是类似的：君王认为正确的事情，而其中可能有错误的成分，臣子指出其中的错误，而成就其中正确的部分；君王认为是错误的事情，而其中可能有正确的成分，臣子指出其中正确因素，去掉其错误的部分，这样君臣上下和谐互补，就会政通人和，老百姓也不会因苛政而起怨气。随后晏子又以交响乐中各种乐器相济相和的道理进一步阐述了"和"的道理。他最后总结说："今据不然，君所谓可，据亦曰可；君所谓否，据亦曰否。若以水济水，谁能食之？若琴瑟之专一，谁能听之？同之不可也如是。"梁丘据却不是这样，君王认为可行的，梁丘据也认为可行；君王认为不可行的，梁丘据也认为不可行，完全靠拍马屁来讨君王欢心。这就像厨师以水来煮水，怎么能调和出美味的食物？就像奏乐的时候，只用琴或瑟一种乐器，怎么能有琴瑟和鸣的效果？这样追求上下苟同而不是追求君臣和谐的臣子，对治国理政有什么好处呢？在晏子去世后很多年，有一次景公带着大臣去射箭，都射脱靶了，下面的大臣却都在夸君王是一个神射手。景公当面也不点破，但他心里明白，就跟身边的一个大臣感叹，自晏子去世之后，好多年都没人跟他说真话了。那位大臣回答说，这并不仅仅是大臣的问题。如果大臣们都一直喜欢拍马屁，那是不是意味着君王一直喜欢听这些假话呢？

唐玄宗时期，权臣李林甫很有才艺，字画俱佳，但品德低下，善于谄媚逢迎，看皇帝眼色行事，竭尽歌功颂德、曲意逢迎之能事，是典型的“咸其辅颊舌”。对于唐玄宗的心腹宦官和宠妃，他总是想方设法讨好卖乖，博取他们的欢心，和同僚们相处，总是装出一副态度谦恭、平易近人的样子，实际上他却阴险狡猾。他结党营私，嫉贤妒能，打压异己。《资治通鉴》里面说他“尤忌文学之士，或阳与之善，啖以甘言，而阴陷之。世谓李林甫‘口有蜜，腹有剑’”。

咸卦从少男少女相互感应出发，探究天地万物感应，最终还是要归于君臣上下的感应之道。在六爻之中，以人体部位为比喻，构建了不同时位下以正相感、以邪相感的几种模型，展示了君臣上下虚中无我，以正相感则政治清明、以邪相感则昏暗有悔的道理。

附：《周易程氏传》原文

咸卦

䷞　**艮下兑上**

咸，《序卦》：“有天地然后有万物，有万物然后有男女，有男女然后有夫妇，有夫妇然后有父子，有父子然后有君臣，有君臣然后有上下，有上下然后礼义有所错。”天地万物之本，夫妇人伦之始，所以上经首乾、坤，下经首咸继以恒也。天地二物，故二卦分为天地之道。男女交合而成夫妇，故咸与恒皆二体合为夫妇之义。咸，感也，以说为主；恒，常也，以正为本。而说之道自有正也，正之道固有说焉：巽而动，刚柔皆应，说也。咸之为卦，兑上艮下，少女少男也。男女相感之深，莫如少者，故二少为咸也。艮体笃实，“止”为诚悫之义。男志笃实以下交，女心说而上应，男感之先也。男先以诚感，则女说而应也。

咸：亨，利贞，取女吉。

咸，感也。不曰“感”者，咸有“皆”义，男女交相感也。物之相感，莫如男女，而少复甚焉。凡君臣上下，以至万物，皆有相感之道。物之相感，则有亨通之理。君臣能相感，则君臣之道通；上下能相感，则上下之志通，以至父子、夫妇、亲戚、朋友，皆情意相感，则和顺而亨通。事物皆然，故咸有亨之理也。“利贞”，相感之道利在于正也。不以正，则入于恶矣，如夫妇之以淫姣，君臣之以媚说，上下之以邪僻，皆相感之不以正也。“取女吉”，以卦才言也。卦有柔上刚下，二气感应，相与止而说，男下女之义。以此义取女，则得正而吉也。

《彖》曰：咸，感也。柔上而刚下，二气感应，以相与止而说，男下女，是以亨利贞，取女吉也。

咸之义感也。在卦，则柔爻上而刚爻下，柔上变刚而成兑，刚下变柔而成艮，阴阳相交，为男女交感之义。又兑女在上，艮男居下，亦柔上刚下也。阴阳二气，相感相应而和合，是“相与”也。“止而说”，止于说，为坚悫之意。艮止于下，笃诚相下也；兑说于上，和说相应也。以男下女，和之至也。相感之道如此，是以能亨通而得正，取女如是则吉也。卦才如此，大率感道利于正也。

天地感而万物化生，圣人感人心而天下和平。观其所感，而天地万物之情可见矣。

既言男女相感之义，复推极感道，以尽天地之理、圣人之用。天地二气交感而化生万物，圣人至诚以感亿兆之心而天下和平。天下之心所以和平，由圣人感之也。观天地交感化生万物之理，与圣人感人心致和平之道，则天地万物之情可见矣。感通之理，知道者默而观之可也。

《象》曰：山上有泽，咸，君子以虚受人。

泽性润下，土性受润，泽在山上而其渐润通彻，是二物之气相感通也。君子观山泽通气之象，而虚其中以受于人。夫人中虚则能受，实则不能入矣。虚中者，无我也。中无私主，则无感不通。以量而容之，择合而受之，非圣人有感必通之道也。

初六：咸其拇。

初六在下卦之下，与四相感。以微处初，其感未深，岂能动于人？故如人拇之动，未足以进也。拇，足大指。人之相感，有浅深轻重之异，识其时势，则所处不失其宜矣。

《象》曰：咸其拇，志在外也。

初志之动，感于四也，故曰“在外”。志虽动而感未深，如拇之动，未足以进也。

六二：咸其腓，凶，居吉。

二以阴居下，与五为应，故设咸腓之戒。腓，足肚，行则先动，足乃举之，非如腓之自动也。二若不守道，待上之求，而如腓自动，则躁妄自失，所以凶也。安其居而不动，以待上之求，则得进退之道而吉也。二，中正之人，以其在咸而应五，故为此戒。复云“居吉”，若安其分，不自动，则吉也。

《象》曰：虽凶，居吉，顺不害也。

二居中得正，所应又中正，其才本善，以其在咸之时，质柔而上应，故戒以先动求君则凶，居以自守则吉。《象》复明之云：非戒之不得相感，唯顺理则不害，谓守道不先动也。

九三：咸其股，执其随，往吝。

九三以阳居刚，有刚阳之才，而为主于内，居下之上，是宜自得于正道，以感于物，而乃应于上六。阳好而上说，阴上居感说之极，故三感而从之。股者，在身之下，足之上，不能自由，随身而动者也，故以为象，言九三不能自主，随物而动，如股然，其所执守者随于物也。刚阳之才，感于所说而随之，如此而往，可羞吝也。

《象》曰：咸其股，亦不处也；志在随人，所执下也。

云“亦”者，盖《象辞》本不与《易》相比，自作一处，故诸爻之《象辞》，意有相续者。此言“亦”者，承上爻辞也。上云“咸其拇，志在外也”，“虽凶居吉，顺不害也”。“咸其股，亦不处也”：前二阴爻皆有感而动，三虽阳爻亦然，故云“亦不处也”。“不处”谓动也。有刚阳之质，而不能自主，志反在于随人，是所操执者卑下之甚也。

九四：贞吉，悔亡。憧憧往来，朋从尔思。

感者，人之动也，故皆就人身取象。拇取在下而动之微，腓取先动，股取其随。九四无所取，直言感之道，不言“咸其心”，感乃心也。四在中而居上，当心之位，故为感之主，而言感之道。贞正则吉而悔亡，感不以正，则有悔也。又四说体，居阴而应初，故戒于贞感之道，无所不通，有所私系，则害于感通，乃有悔也。圣人感天下之心，如寒暑雨阳，无不通，无不应者，亦贞而已矣。贞者，虚中无我之谓也。“憧憧往来，朋从尔思”：夫贞一则所感无不通，若往来憧憧然，用其私心以感物，则思之所及者有能感而动，所不及者不能感也，是其朋类则从其思也，以有系之私心，既主于一隅一事，岂能廓然无所不通乎？《系辞》曰：“天下何思何虑？天下同归而殊途，一致而百虑。天下何思何虑？”夫子因咸极论感通之道。夫以思虑之私心感物，所感狭矣。天下之理一也，途虽殊而其归则同，虑虽百而其致则一。虽物有万殊，事有万变，统之以一，则无能违也。故贞其意，则穷天下无不感通者焉，故曰“天下何思何虑”。用其思虑之私心，岂能无所不感也？“日往则月来，月往则日来，日月相推而明生焉。寒往则暑来，暑往则寒来，寒暑相推而岁成焉。往者屈也，来者信也，屈信相感而利生焉。”此以往来屈信明感应之理。屈则有信，信则有屈，所谓感应也。故日月相推而明生，寒暑相推而岁成，功用由是而成，故曰“屈信相感而利生焉”。感，动也，有感必有应。凡有动皆为感，感则必有应，所应复为感，感复有应，所以不已也。“尺蠖之屈，以求信也。龙蛇之蛰，以存身也。精义入神，以致用也。利用安身，以崇德也。过此以往，未之或知也。”前云屈信之理矣，复取物以明之。尺蠖之行，先屈而后信，盖不屈则无信，信而后有屈，观尺蠖则知感应之理矣。龙蛇之藏，所以存息其身，而后能奋迅也，不蛰则不能奋矣。动息相感，乃屈信也。君子潜心精微之义，入于神妙，所以致其用也。潜心精微，积也；致用，施也。积与施乃屈信也。“利用安身，以崇德也”，承上文致用而言：利其施用，安处其身，所以崇大其德业也。所为合理，则事正而身安，圣人能事尽于此矣，故云“过此以往，未之或知也”。“穷神知化，德之盛也”。既云“过此以往，未之或知”，更以此语终之，云穷极至神之妙，知化育之道，德之至盛也，无加于此矣。

《象》曰：贞吉悔亡，未感害也；憧憧往来，未光大也。

贞则吉而悔亡，未为私感所害也；系私应则害于感矣。“憧憧往来”，以私心相感，感之道狭矣，故云“未光大”也。

九五：咸其脢，无悔。

九居尊位，当以至诚感天下，而应二比上。若系二而说上，则偏私浅狭，非人君之道，岂能感天下乎？脢，背肉也，与心相背而所不见也。言能背其私心，感非其所见而说者，则得人君感天下之正，而无悔也。

《象》曰：咸其脢，志末也。

戒使背其心而咸脢者，为其存心浅末，系二而说上，感于私欲也。

上六：咸其辅颊舌。

上阴柔而说体，为说之主，又居感之极，是其欲感物之极也，故不能以至诚感物，而发见于口舌之间，小人女子之常态也，岂能动于人乎？不直云“口”，而云“辅颊舌”，亦犹今人谓“口”过曰“唇吻”、曰“颊舌”也，“辅颊舌”皆所用以言也。

《象》曰：咸其辅颊舌，滕口说也。

唯至诚为能感人，乃以柔说腾扬于口舌，言说岂能感于人乎？

参考文献

1. 梁韦弦:《〈程氏易传〉导读》，济南：齐鲁书社，2003 年。

2. 黄寿祺、张善文撰:《周易译注》，上海：上海古籍出版社，2004 年。

3. 杨军、王成玉译:《程颐讲周易：白话〈伊川易传〉》，长春：长春出版社，2010 年。

4.（宋）程颐撰，孙劲松、范云飞、何瑞麟译注:《周易程氏传译注》，北京：商务印书馆，2018 年。

后记

此书是笔者给武汉大学国学班开“《周易》导读”课程的讲稿，以《周易程氏传》为主要参考教材，在讲述《周易》的基本概念和卜筮原理之后，从六十四卦之中选取了乾、坤、屯、蒙、泰、否、颐、咸八个卦，进行详细讲解。轻卜筮而重哲理，发挥义理易学之精义，阐述其中所蕴含的格物致知之理、修齐治平之道。

《周易》是儒家的经典，与《论语》《孟子》《大学》《中庸》等书不同，《周易》教导君子在修身齐家治国之中非常具体的处理问题、进德修业的方法。乾卦讲处于“君位”的管理原则、成长状态、处事方法；坤卦讲“臣位”的管理原则、君臣关系、基本素养；屯卦则讲在屯难始生之时，在各种不同社会关系结构中的君子该如何走出艰难、孕育生机。程颐在注释屯卦时候，有一段对《周易》解释体例的概括：“夫卦者事也，爻者事之时也。分三而又两之，足以包括众理，引而伸之，触类而长之，天下之能事毕矣。”《周易》每一卦说的是君子立身行事的一种特定状态，每卦六爻，每一爻说的是这种状态的不同发展时机，或说不同的时空状态，这样就足以包括所有道理了。比如屯卦讲的是艰难当中蕴含着希望，而六爻是寻求解决屯难的六种情况，或者说六种不同位置的人，在不同的时位该如何去渡过艰难、孕育希望。六爻列举了六种情况，但天下的艰难、屯难不是仅仅有这六种，如果能引申类推、活学活用，天下应变解难之理就可以穷尽了。六十四卦，三百八十四爻，把这里面包含的智慧都认真琢磨体会，触类旁通，做人做事就会进退自如、游刃有余。这是儒家易学或说经学之《易》有别于术数之《易》的关键所在。

2020年初，这门课以网络视频形式开设，博士生付磊承担了本门课程助教工作，录制了音像资料，并组织2018级同学整理成文。笔者对讲稿进行了反复删改，陈世明、郭浩茹等承担了后期的校对工作。全文尽量保持口语风格，让大家更容易了解儒家易学的概貌。

孙劲松

2024年6月于珞珈山老别墅11栋